穿越时空之旅

游历古埃及

[俄罗斯] 玛利亚·扎斯拉夫斯卡娅 著
[俄罗斯] 伊娜·巴加耶娃 绘
李雪 译

译林出版社

欢迎来到尼罗河谷！

你之前一定已经对古埃及有所了解了。长长的尼罗河在那古老的土地上川流不息，雄伟的金字塔矗立在沙漠里，而在金字塔里，安眠着法老的木乃伊，斯芬克斯守护着法老们的安宁……但是，你知道为什么去埃及就一定要去尼罗河吗？你可知道，莎草纸是用什么做成的？巨型的金字塔是如何建造的？木乃伊是怎么制作的？为什么斯芬克斯没有鼻子？

现在，你将进行一场去往古埃及的文明之旅！我们将看一看古埃及的国王和普通农夫都是怎么生活的，试一试在没有拖拉机和灌溉设备的情况下种地，一起做做陶盆、烤烤面包、学学古埃及人独特的画画方式、玩玩塞尼特棋、听听他们的童话故事、看看他们的学校。甚至，我们还可以去参观一下冥界之神奥西里斯的审判……你喜欢冒险吗？喜欢的话，我们就上路吧！

目　录

时间长河

农业部落时期
公元前8000年—公元前6000年

前王朝时期
公元前5000年—公元前4000年

在两河流域诞生了世界上第一个城邦乌鲁克。

早王朝时期
公元前31世纪—公元前27世纪

中间站立者为美尼斯（即纳尔迈），第一个统一埃及的人。

希腊克里特岛产生了米诺斯文明。

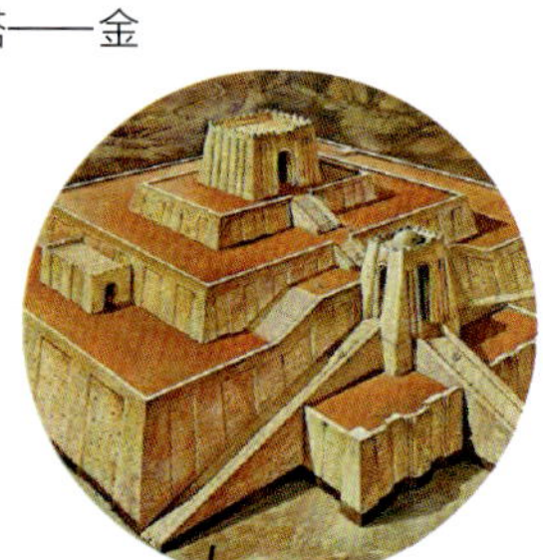

在两河流域开始建造阶梯式金字塔——金字形神塔。

古王国时期
公元前27世纪—公元前22世纪

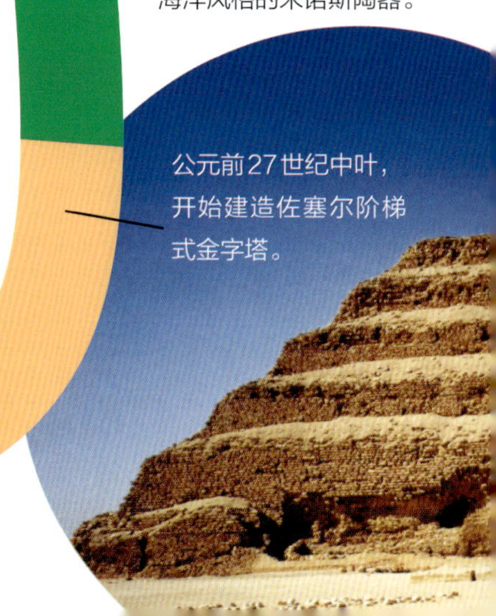

公元前27世纪中叶，开始建造佐塞尔阶梯式金字塔。

第一中间期
公元前22世纪—公元前21世纪

出现了著名的具有海洋风格的米诺斯陶器。

中王国时期
公元前21世纪—公元前17世纪

公元前20世纪，开始建造卡纳克神庙。

公元前1750年左右，古巴比伦颁布《汉谟拉比法典》。

1980年代，埃及旅游业兴起。

1822年，成功释读古埃及象形文字。

1517—1923年，并入奥斯曼帝国。

第二中间期
公元前17世纪中叶—公元前16世纪中叶

1798—1801年，拿破仑率军远征埃及。

新纪元

641年，阿拉伯人占领埃及。

公元前14世纪，法老埃赫那吞及其王后奈费尔提蒂。

新王国时期
公元前16世纪中叶—公元前11世纪

耶稣降生。人类新纪元开始。

希腊化时期

476年，西罗马帝国灭亡。

公元前1274年，卡迭石战役。

希腊古典时代，公元前5世纪，希罗多德在《历史》中描述了埃及。

法尤姆肖像。

第三中间期
公元前11世纪—公元前8世纪

后王朝时期
公元前7世纪—公元前4世纪

公元前332年，来自马其顿的亚历山大大帝征服埃及。

你好，埃及！

如果有人问你，埃及是什么颜色的？你可能会回答：“黄色的。”看到“埃及”这个词，我们马上就能想到金字塔和荒无人烟的沙漠。但是，如果你曾经去埃及的疗养胜地度过假，你肯定会想念那蓝色的大海，尽管它被称为“红海”。你也会想知道，为什么古埃及人称自己的国家为“凯麦特”（意思是“黑土地”）。

这些都是古埃及人表示尼罗河的象形文字。

关于古埃及象形文字的详情，请见第40页。

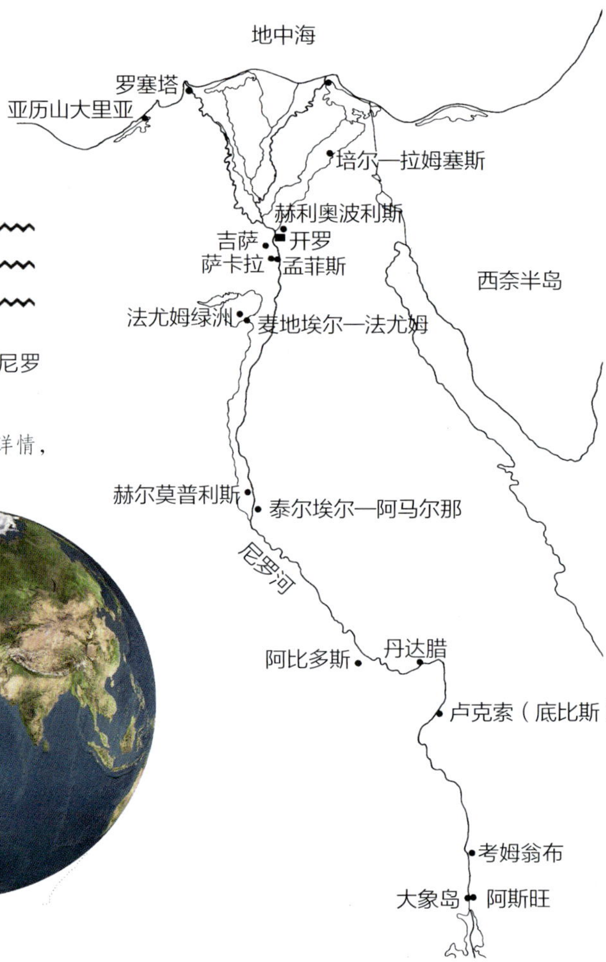

地图显示，现代埃及的领土包括非洲东北部和西奈半岛大部分地区。公元前4000年左右，在这片土地上产生了两个独立的王国——上埃及和下埃及。下埃及位于北部，在尼罗河三角洲地带并占据着三角洲南部沿河两岸地区。下埃及国王头戴红色王冠。上埃及位于南方尼罗河河谷地带。上埃及的国王头戴白色王冠。

公元前32世纪，上下埃及统一为一个国家。从此国王开始戴由代表上埃及的白色王冠和代表下埃及的红色王冠组成的双层王冠。

从前尼罗河每年7月底开始泛滥，9月之前洪水抵达三角洲地区，之后洪水开始消退，而尼罗河水泛滥过后沉积下来的黑色淤泥则变成了肥沃的土壤。现在你明白“黑土地”这个词是怎么来的了吧？

埃及人称尼罗河东西两岸的沙漠地带为“红土地”，因为这里的沙略带红色。人们恐惧沙漠，认为沙漠是恐怖和死亡之地，在这里到处都是残忍、狡猾的野兽。但随着时间的推移，古埃及人还是不得不渐渐走近可怕的红土地，因为他们并没有多少肥沃的土地。在埃及，肥沃的土地只分布在尼罗河两岸的狭长地带——在这里古埃及人建造房屋、从事农耕。而在靠近沙漠的边缘地带则安葬死者。

关于古埃及人的殡葬习俗详情，请见第24页。

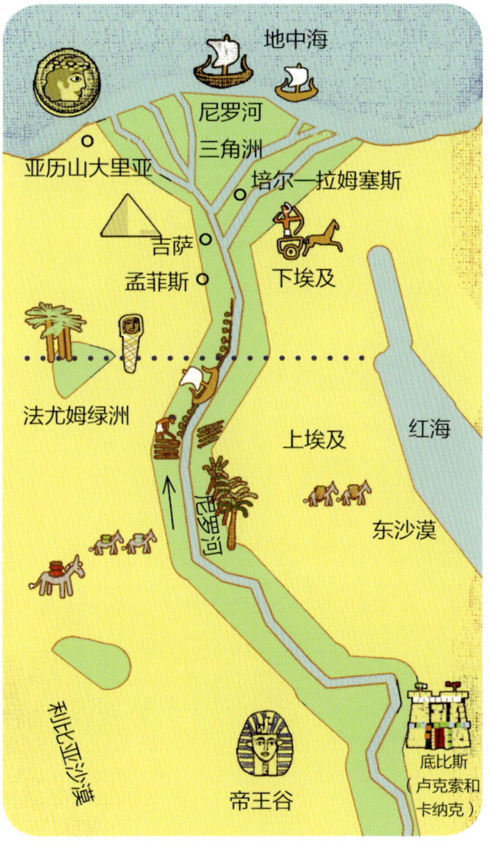

你应当知道，每一条河流都有其发源地和入海口（或入湖口、入河口）。在地图中我们可以清楚地看到，尼罗河水在流入地中海时，水流出现众多分岔，这样一来，在入海口处就形成了三角洲。“三角洲”这个词并不是埃及人首创的，而是起源于希腊语，因为它的地形看起来很像希腊文字母“Δ”。看看地图中，尼罗河三角洲的形状是不是很像希腊文字母Δ？

我们仔细观察这幅古埃及地图就会发现，埃及占据着尼罗河两岸，上埃及并不是指其位于地图中的上半部分，而是指尼罗河上游、发源地附近的地方，下埃及则统治着北部地区。

埃及人对自己国家的历史非常感兴趣，并且留下了大量详细的资料。我们应该特别感谢古埃及祭司马涅托。据推测，他生活在公元前3世纪上半叶的赫利奥波利斯。他用希腊文写的《埃及史》以各个王朝体系为基础，将古代埃及历史划分为不同的时代。

关于马涅托的详情，请见第82页。

我们习惯于称埃及国王为法老。在埃及语中“法老”一词指的是“大房子”，即“宫殿”。在古埃及，法老不像国王、皇帝一样是一个正式的尊号，而是权力的象征。

埃及的诞生

我们来了解一下，在古代国家是怎么产生的。首先，人们需要选择居住地。古人们选择在亚非两大洲的大河沿岸定居不是没有原因的：这些地方气候温暖适宜，繁衍着无数种动物。最初人们以采集果实和打猎为生，渐渐地人们发现，粮食可以种植，牲畜也可以养殖。人们驯服动物，种植小麦和其他作物，想出了灌溉田地的法子，他们不只学会了如何建造房屋，还学会了在定居点外围建造高墙以抵御外敌入侵。随着田地的增加，人们发现，建造水利灌溉系统需要许多人的共同努力，因为开挖和清理沟渠必须大家一起劳动。那么，怎么样才能让所有人的工作都顺利进行呢？这就需要领导者了。在这种情况下，渐渐地就形成了人类史上最古老的国家，在国家里人们各司其职，每个人都为共同的事业贡献自己的力量。

在古埃及许多村社联合组成了“州”，每个州都有自己的图腾和神灵，居民服从首领的管理。

这是纳尔迈调色板。纳尔迈调色板是一块盾形石板，正反两面均有浅浮雕饰，凹陷处填漆着色。一些学者认为纳尔迈就是那位统一埃及的法老美尼斯（也称米那）。调色板其中一面（左图）描绘了一种可怕的生物——狮身蛇颈怪兽谢尔波巴尔德。它们交叉的脖颈象征了埃及的统一。而在调色板的另一面（右图）则可以看到纳尔迈本人头戴上埃及的白色王冠，手持权杖欲重击跪着的战俘。

在这些州里人们学会了为首领建造泥砖陵墓。这时还出现了文字。埃及的各个州越来越强大，经过长期战争和兼并，最终形成了两个独立的王国——上埃及和下埃及。上、下埃及在公元前3100年左右统一为一个国家。

上埃及国王美尼斯于公元前31世纪中叶在上埃及和下埃及的交界处建立首都。这就是我们现在熟知的被希腊人称为孟菲斯的古城。人们普遍认为，美尼斯是埃及统一后的第一个国王。他是埃及第一王朝的开国君主，开启了法老统治时代。

公元前31世纪至公元前27世纪，学者们称之为早王朝时期。这一时期上、下埃及之间的战争并没有停止。同时埃及社会飞速地发展起来，人们学会了打造石材和冶炼金属，服从法老的统治。埃及人开始制作编年史，这些文献后来成为祭司马涅托创作古埃及历史年表的主要材料。

关于马涅托的详情，请见第82页。

从公元前27世纪起，埃及开始了持续五百年之久的古王国时期。这一时期的埃及国王拥有巨大的权力，他们开始赐予亲属和亲信高官显位和大量领地，这样一来就出现了庞大的官僚群体，并由此形成了埃及的国家机构。

关于埃及官员的详情，请见第38页。

这是纳尔迈调色板中纳尔迈的形象。他头戴下埃及的红色王冠，身后的随从拿着他的凉鞋。

埃及人与周边国家既有贸易往来，也有战争摩擦。他们通过贸易和战争得到铜和青铜，但更主要的是得到木材，因为在埃及树木实在是太少了。在古王国初期，人们开始建造金字塔，金字塔这种伟大的建筑是法老权力的象征，后来更是成为埃及文明永恒的象征。公元前27世纪时王权衰落，中央失去了对地方的控制，各地方诸侯争权夺利，战乱不断。历史学家称这一时期为“第一中间期”。

关于后来发生了什么，详情请见第30页。

王朝是指一个国家的统治者家族将权力代代相传的统治时代。如果你爸爸是法老，那么在他之后你也会成为法老，再之后就是你的儿子和孙子。

谢谢你，尼罗河！

从太空俯瞰尼罗河的形状，这条狭长的绿色带状物就是尼罗河。河水给两岸的土地带来了无限生机，但尼罗河两岸外围却是无尽的荒漠。

你会选择在哪儿建房子，沙漠里还是河边？几乎不用考虑，你便会做出和古埃及人一样的选择。古埃及人需要灌溉农田，以便种出更多的谷物、水果和蔬菜。伟大的河流孕育伟大的国家。是的，可以说没有尼罗河就没有埃及。这不是因为古埃及人有多么喜爱在河里洗澡和捕鱼，而是因为尼罗河每年泛滥一次，洪水给两岸带来了肥沃的淤泥。

哈比神是古埃及神话中的尼罗河神和丰收之神。哈比神被描绘为一个拥有蓝色的，有时候是绿色皮肤的，身材有点胖的神。蓝色和绿色是尼罗河水的颜色。

古埃及人是怎么知道尼罗河什么时候泛滥的呢？详情请见第63页。

尼罗河现状。

埃及神话中的哈比神。

对埃及人来说，尼罗河水位上涨到足够的高度是一件非常重要的事，他们因此设计了一种专门用来测量水位的工具——尼罗河水位计！这种水位计实际上是一个井，其内部设置有测量柱。

测量柱上标有刻度，显示河水高度。

这是希腊人、罗马人以及后来的欧洲人描述的尼罗河神的形象。你能看到，在他手里有一个装满了鲜花和果实的“丰饶角”。

在尼罗河岸边的沼泽地里活跃着各种各样的小动物。好多的鸟啊！野猫（右边）和埃及獴（左边）正在伺机捕食它们。

海上民族、朋特国的居民及其他

埃及是宇宙的中心，其周围却一片混乱，那里生活着野蛮人的部落。这是古埃及人最初的想法。但是随着时间的推移，他们发现，埃及所缺乏的很多东西，可以从邻居们那儿得到。埃及统治者开始往他国派遣考察队。他们选择和其中一些国家开展贸易往来，对另外一些国家则发动战争。由此，在埃及出现了世界上最早的地图。没错，这些地图一点也不像现代地图，确切地说，它们更像地形图。

埃及地理位置优越。它地跨亚、非两大洲，是各个国家之间贸易往来的交通要塞。此外，得益于其适宜的气候和丰饶的土地，埃及成了世界上最大的农业国之一。

埃及人喜欢描述其他民族是如何向他们进贡的，他们为自己的权威感到骄傲！

埃及人种植多种谷物，甚至能有富余的粮食出口到国外。因此埃及对征服者而言具有特别的吸引力。先是波斯人，然后是希腊人，紧随希腊人脚步的是罗马人，再之后又是阿拉伯人，他们都征服过埃及。那又如何呢？在世界历史上，几乎所有的强国或早或晚地都屈服于更强的国家了。

关于埃及和邻国的关系，历史学界有各种不同的文献。我们当然不能错过像《圣经》这样重要的资料。详情请见本书第82页。

爱琴海群岛上的居民经常往来埃及。现在这些岛屿是希腊的领土。埃及人称爱琴岛居民为“克弗悌乌人”或“海上民族”。我们现在没法说清楚，哪个国家曾叫作“克弗悌乌”，但许多历史学家认为，“克弗悌乌”就是指克里特岛。

克里特岛上曾诞生过伟大的古代文明，在此我们无法用几句话来概括。对克里特岛有兴趣的读者们，可以阅读“穿越时空之旅”书系的《解密古克里特岛》。

赫梯人是埃及人的宿敌。他们生活在现今土耳其一带，向来对叙利亚兴趣浓厚，同时对巴勒斯坦也念念不忘。他们时而从埃及人手中夺走这些地盘，时而又输回去。赫梯人和埃及人的战争持续了很长时间，直到卡迭石战役。在那场战役中双方谁也没有取得最终胜利，最终他们缔结了和平条约。

关于卡迭石战役，请见第77页。

努比亚位于埃及南部。中王国时期，埃及统治者征服了北努比亚，到了新王国时期，北努比亚沦为了专门为埃及输送黄金、乌木、宝石，以及野生动物、黄牛、豹皮、鸵鸟蛋的殖民地。

在埃及东北方向不远处有两条大河——底格里斯河和幼发拉底河。正如尼罗河流域诞生了古埃及文明，两河流域诞生了两河流域文明（又称美索不达米亚文明）。两河流域是许多古代帝国，如亚述帝国和巴比伦王国的统治中心。巴勒斯坦人和叙利亚人很喜欢非洲商品，但所有连接非洲的商路都要经过埃及，而埃及本身也要进口木材（主要是雪松）、金属和半宝石。从公元前16世纪，即从新王国时期开始，埃及人陆陆续续征服了许多外族领土，他们从被征服者那里征收丰厚的贡品，但并没有因此而停止贸易往来。当时世界上最大的贸易中心是叙利亚的比布尔，来自各国的商人汇聚在这里购买埃及的莎草纸。在希腊语中莎草纸被称为“bibos”，表示《圣经》的单词“Bible”就是由此而来。

那些和古埃及有贸易往来的国家所处的地理位置，到目前为止史学界仍未有定论。让我们试着在地图上找找朋特这个国家。我们仅仅在古埃及人的文献中见到过关于朋特的描述。古埃及人把朋特描述为充满异域风情的地方，当然，很可能他们的许多描述只是传说而已。古埃及人没有对朋特发动过战争，他们只是和朋特人有贸易往来。位于代尔—巴赫里的哈特谢普苏特神庙的墙上描绘有到朋特做生意的埃及商人，他们到朋特去交易各种各样的货物：用桶或篮子装着的没药树、乌木、乳香、黄金、香料、制作眼影的颜料，以及象牙、兽皮和牲畜等。那么，朋特究竟在哪儿呢？历史学家们推测，朋特可能就在如今非洲国家索马里所在的地区。

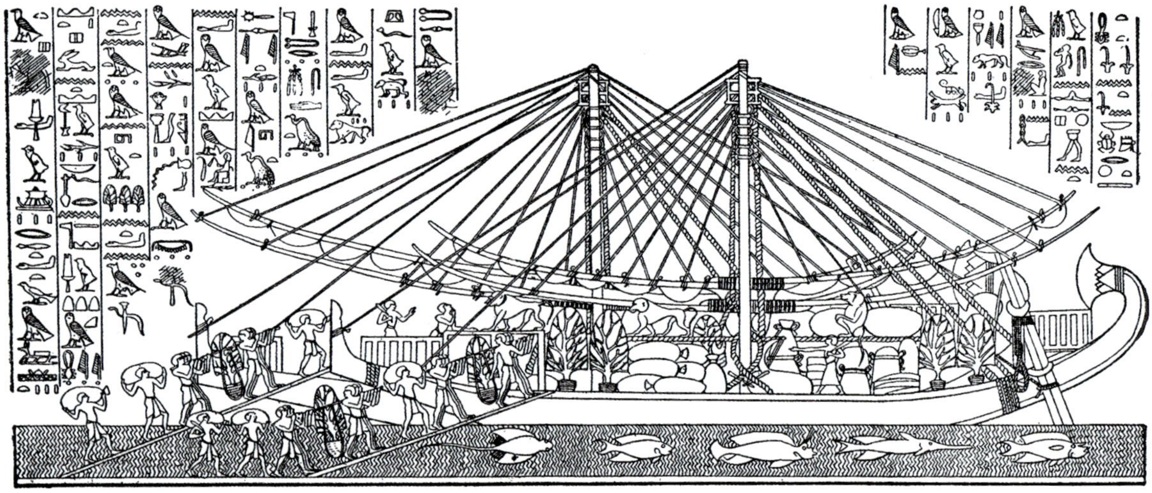

埃及商人往船上搬运各种各样的朋特商品。

埃及邻国居民。

利比亚人。

努比亚人。

叙利亚人。

贝都因人。

赫梯人。

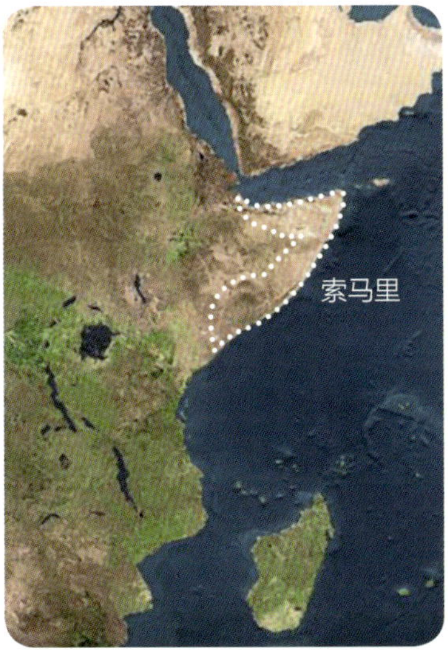

历史学家推测的朋特所在地。

告诉我谁是你的神明，我就会告诉你，你是谁！

在原始社会，人们认为周围一切事物都是有生命的，并且具有神奇的力量，而这些异灵或神灵影响着我们的生活。随着时间的推移，人们渐渐认为，不同的神灵有不同的职责：一位神灵负责布雨，另外一位则掌管丰收，等等。这些神灵最初被想象成动物或植物的形象，后来又慢慢地具有了人类的特征。

古埃及人是这样描述世界的：大地是一个圆盘，埃及就处在圆盘的中间，大地之上是苍穹，四根柱子支撑着苍穹的边缘，大地之下则是冥界。所有这些都漂浮在无边无际的被称为“努”的混沌大洋中，在“努”中诞生了第一个山丘，山丘延伸出了整片大陆。像其他古代民族一样，古埃及人认为自己的国家是世界的中心，而在埃及之外则是邪恶和混乱的国度。

在位于丹达腊的哈托尔女神庙的天花板上，我们可以看到《黄道十二宫图》。当然这是复制品。原件早在1820年就被拆下并运到了法国。《黄道十二宫图》不但描绘了夜空，还描绘了星座——很明显，在它被创作的时候埃及已经受到了希腊文化的影响。但是学者们至今仍在争论，它到底描绘了哪些星座。

古埃及人的神祇和埃及文化一样在数千年的历史长河中不断发生着变化。在上下埃及统一之前，神灵们往往被描绘成动物或物品的形象，同时经常会加入人类或动物的特征。比如，人类的身体、鸟的头。

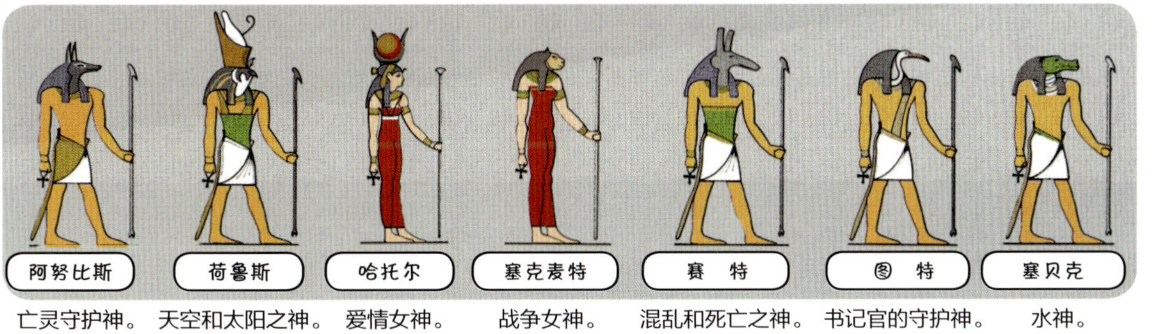

亡灵守护神。 天空和太阳之神。 爱情女神。 战争女神。 混乱和死亡之神。 书记官的守护神。 水神。

每个城市都有属于自己的神，他在当地受到更多的崇拜。

底比斯和赫尔莫普利斯（这是一座位于尼罗河中游的城市）的居民主要信仰阿蒙神。阿蒙是太阳神，公羊是他的神兽。阿蒙通常被描绘为人的形象，有时候也被描绘为羊头人身的形象，他的冠冕上装饰着两支高高的翎羽和一个太阳圆盘。法老被认为是阿蒙神之子的化身。

阿蒙神雕像。

埃及人还非常崇拜猫神贝斯特。贝斯特是一位性情温和的女神，但同时她也如同所有的猫一样任性。猫神是代表着欢乐和幸福的女神，也是主管人间性爱的女神。为了纪念贝斯特，人们每年都要举行集会，载歌载舞。

普塔是孟菲斯的主神。他是创造神以及真理和正义之神，同时也是艺术和手工业的保护神。普塔通常被描绘成人的形象，身穿紧身的、密不透风的服装，手持木杖。

猫神贝斯特。

古埃及还有一位家神——侏儒贝斯。

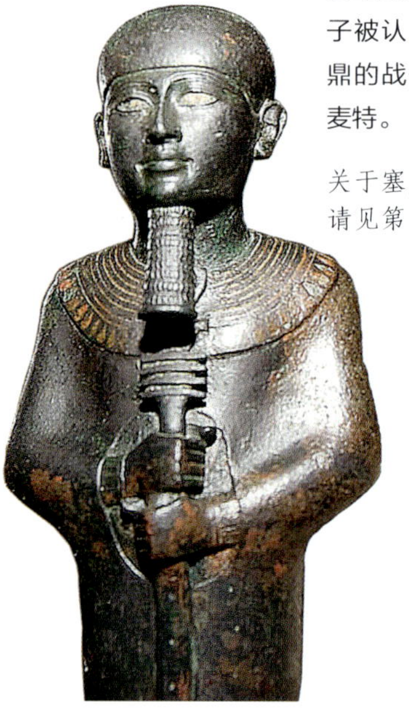

普塔像。普塔的妻子被认为是大名鼎鼎的战争女神塞克麦特。

关于塞克麦特，请见第76页。

法尤姆绿洲和其他一些地方的居民非常崇拜塞贝克。塞贝克是一位长着鳄鱼头的水神和尼罗河神。

而尼罗河神不止一位。你还记得哈比神吗？

塞贝克。

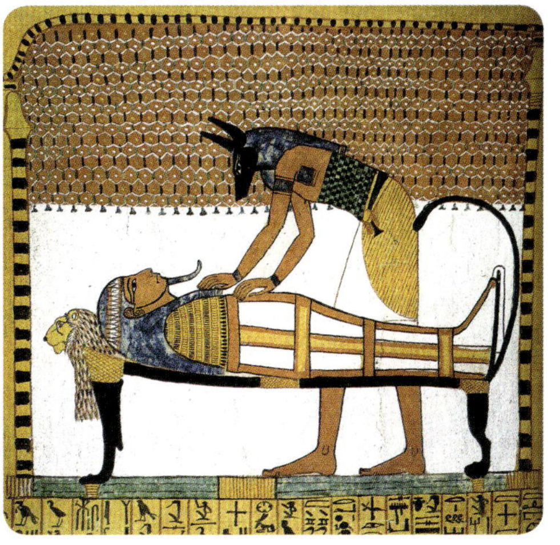

阿努比斯用香油涂尸防腐。

在埃及，每个人都非常崇拜冥神奥西里斯。此外他们还崇拜图特和阿努比斯。他们是奥西里斯在亡者之殿的助手。图特是智慧之神，他负责算术和文字记录。图特常以鹮首人身或狒狒的形象出现，他在冥神的亡者之殿负责记录。阿努比斯则是胡狼头人身，他负责引导死者去往阴间，并为死者的尸体做防腐处理。

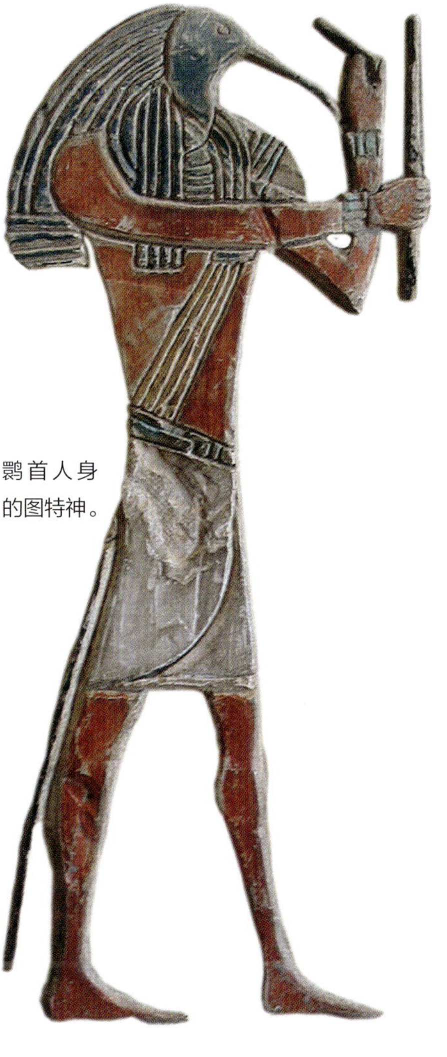

鹮首人身的图特神。

天空、爱情和生育女神哈托尔通常被描绘成母牛的形象或者长有一对牛角的女性形象。

狒狒形象的图特神。

奥西里斯的复活

埃及人非常崇拜奥西里斯，认为他是丰收和创造之神。奥西里斯教会人们耕作土地、种植谷物、烤制面包、建造城市和治疗疾病。奥西里斯的弟弟，邪恶之神赛特非常嫉妒他。在某一个传说里，赛特把奥西里斯关在制作精美、装饰豪华的棺材里，扔进了尼罗河。在另外一个传说里，赛特把自己哥哥的尸体肢解成十四块，分别扔在了埃及的各个角落。奥西里斯和妻子伊西斯的儿子荷鲁斯长大后决定为父报仇，他和赛特进行了生死决斗。荷鲁斯赢了，但也为此身受重伤：赛特挖去了他的左眼。但是这只眼睛并没有丢失！众神把荷鲁斯之眼送给了奥西里斯，使奥西里斯复活。但从此以后奥西里斯不愿意继续留在人间，他成了亡者之殿的统治者。

仔细观察这张莎草纸画。看到上面那台天平了吗？奥西里斯借助它在冥界审判亡灵。

埃及文献《亡灵书》是这样描述奥西里斯的冥界法庭的：

“冥界之王奥西里斯坐在王座上，众位冥界执法官坐在一边，旁边立着一台天平。天平的一端放上死者的心脏，另一端放上真理和秩序女神玛特的羽毛。如果死者的心脏因罪恶多端而超重，就会掉入旁边鳄鱼头狮身怪物阿姆特的口中；如果心脏没有超重，则说明死者生前品行良好，他会被判无罪，从此可以在奥西里斯统治的乐园伊尔鲁过着幸福的生活。”

头戴双层王冠的荷鲁斯。

关于那部神秘的《亡灵书》，请阅读第25页。

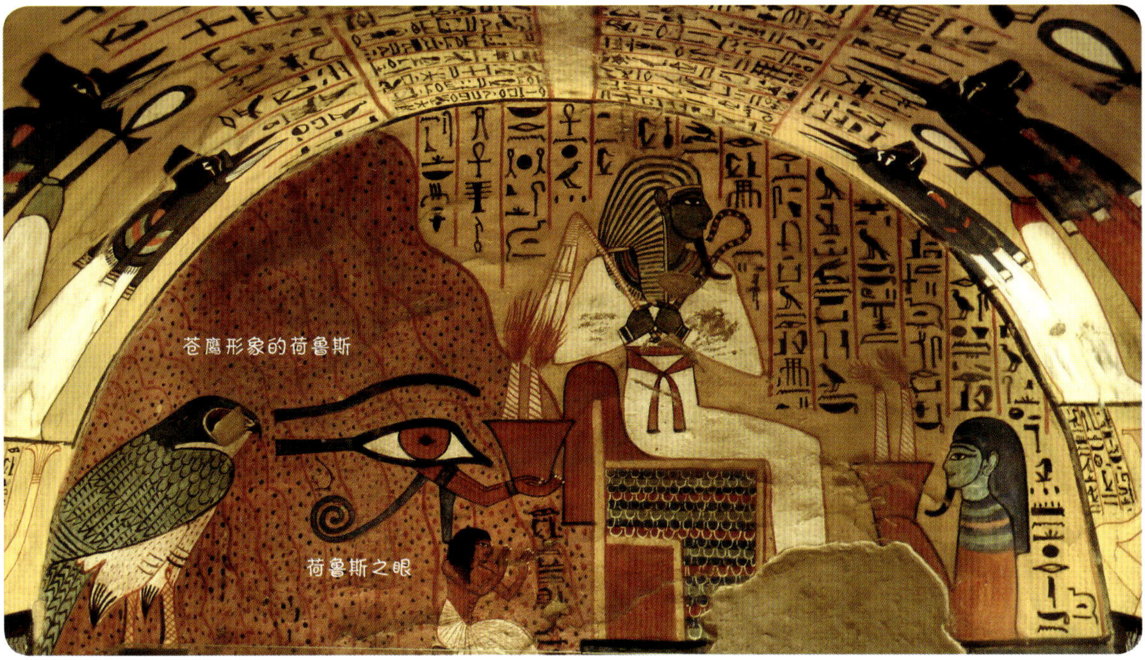

坐在王座上的奥西里斯受到化身为鹰的荷鲁斯本人和荷鲁斯之眼的保护。“荷鲁斯之眼”是深受埃及人喜爱的护身符。人们经常把奥西里斯描绘成身穿白袍、绿脸绿手的人的形象，而把赛特描绘成驴头人身或河马的形象。

埃及人对伊西斯的喜爱一点也不弱于对其冥界之王的丈夫的喜爱。伊西斯是丰收、风和水之女神，是家园的守护者，是生育和魔法的守护神，她同时还决定着法老子女未来的命运。

而她的儿子荷鲁斯在打败赛特之后，就成了埃及人心目中与黑暗势力做斗争的光明之神的象征。他是王权的守护者，因此法老们被看作荷鲁斯的仆人。

埃及人并不只是用各种华美之词赞颂他们的神。他们会用谷物和牲畜祭祀神灵，祈祷神灵降下仁慈与恩赐。他们为神灵举办华丽的庆典。你认为这些庆典会在哪儿举行呢？翻到下一页，你就知道埃及众神的家是什么样子了。

我们可以通过头上的王冠轻易地辨认出伊西斯。

在埃及人的描绘中伊西斯拥有各种面貌。她可能被描绘成母牛的形象。爱情女神哈托尔同样是拥有牛角的女神，因此人们很容易把她们俩弄混。有时候伊西斯被描绘成长了一对母牛角、牛角中间还夹着太阳圆盘模样的头饰的形象。荷鲁斯则通常是一只鹰或者鹰头人身的形象，有时候他也被描绘成长着翅膀的太阳的形象。

驴头人身的混乱和毁灭之神赛特。

神庙与祭司

为了举办各种宗教仪式和典礼，在埃及各地以及被埃及征服的地方建造了许多宏伟的神庙。埃及人认为神庙是他们为神灵建造的在人间的家。

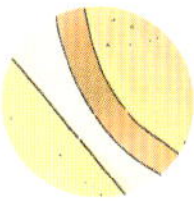

请思考，为什么神庙比普通的房子要保存得更加完好？这是因为普通人的房子是用砖来建造的，神庙则是用坚固耐用的石头建造的。

这里为什么有这么多人？因为神庙里正在举办法老也要参加的盛大的宗教节日庆典。无数埃及人成群结队地赶来参观这场盛事。音乐家弹奏着诗琴、打着手鼓，人们唱着庄严的、赞美众神和法老的圣歌。

节日期间祭司会举办神秘剧演出，例如，演出根据奥西里斯传说和荷鲁斯大战赛特的故事改编的剧目。许多人都会参加这些演出，甚至平民也可以在其中扮演一些小角色。

这些宗教典礼是由神庙里的祭司来主持的。祭司有很多工作要做：他们要解读神灵的意志并向神灵传达人们的祈祷，他们要主持所有的宗教仪式、照看神庙和神灵们的圣像、教授学生科学和艺术知识，并在国家政治中发挥重要作用。

埃及人建造的神庙能让人联想到我们这个世界的构造——至少是古埃及人想象中的世界。

神庙永远都建立在高处——要么是天然的山丘，要么是人工堆砌的小丘。神庙内的地面是逐渐升高的，穿过神庙建筑群到圣殿的道路以一定的角度向上攀升，这象征着从混沌海洋“努”中升起的第一座山丘。

神庙入口两边矗立着两座山丘一样的巨塔，它们的中间代表着太阳升起和落下的地方。神庙里也有象征奥西里斯统治的亡者之殿的地下室。

神庙里的柱子就像开在纸莎草茎上的花一样从地板中崛起，这象征着植物在混沌大洋“努”的沼泽地中生长。这些柱子同时还支撑着天空，即神庙屋顶，而屋顶上描绘着天上的众神、星辰和天空之神努特。

圣殿是神庙中最为神圣的地方。这里安放着祭坛和众神雕像。只有祭司和法老才能走进圣殿。

圣殿前面的大厅被一排排的柱子分割成几个空间。中间区域的柱子要高于其他柱子，而中间区域的屋顶也要高于边上其他区域的屋顶。神庙里光线昏暗。

祭司们轮流在神庙中昼夜执勤。当他们老了，就会退休，由他们的儿子接替其位置成为祭司。如果你是祭司的儿子，那么你从小就得进行艰苦的学习。祭司不仅要能读会写，还要熟知所有的宗教仪式，牢记所有典礼的程序。最后他们还必须要参加艰难的考试，只有通过考试才能在神庙中任职。

祭司们在池塘里沐浴净身。

亡灵崇拜：装裹木乃伊

为了让神灵们在你活着的时候帮助你，赞美神灵是必要的。但是古埃及人还想在死后也过得好，因此他们对走向阴间的过程非常重视。这就难怪为什么埃及的两大象征——金字塔和木乃伊——都和亡灵世界密切相关。如果死者不是普通人，而是一个贵族或富人，人们会为他建造一个巨大的坟墓，这是他死后的家园。

位于萨卡拉的谢普塞斯卡弗玛斯塔巴。

这个陵墓由地下建筑和地面建筑构成。地下建筑就是用来安放死者遗体的墓室。地面建筑是保护墓室的梯形六面体结构，里面有祭祀厅堂和供死者亲属摆放祭品的祭坛，还有狭室（用来存放墓主人雕像的密闭空间）。这种陵墓结构被称为玛斯塔巴。最初人们建造玛斯塔巴时使用的是相对较轻的土坯砖，之后在古王国时期，人们学会了用沉重的硬石块和石灰石石板来建造这种墓穴。

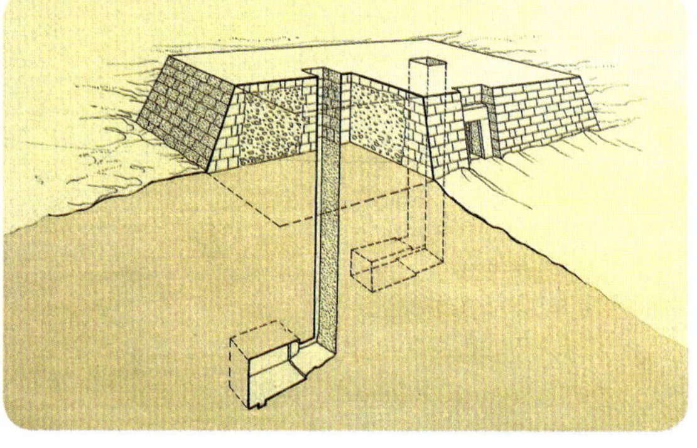

玛斯塔巴的地下结构就是墓室。

关于那些比人体沉重数倍的石板是怎么被吊起来的，请阅读第28页。

早在古王国时期，埃及人就开始为法老建造安息之地金字塔了。金字塔是真真正正的宫殿！之后埃及人开始在悬崖上开凿墓室。这种石窟墓可以更好地保护墓室不受盗墓贼的侵害。

埃及人相信，人在死后也需要许多东西，包括吃饭，因此死者家属每天都要把食物送到死者的陵墓里。除了食物，还有装满谷物和芳香油的器具、其生前住宅的模型、仆人雕像、服饰，甚至武器。只有这样，才不用再担心亡者的阴间生活了。

同时，为了让死者在奥西里斯的冥间保住性命，必须要防止其遗体腐烂。你已经猜到了吧？我们接下来就要讲木乃伊了。

做成木乃伊形状的仆人雕像，它们需要在冥间继续服侍自己的主人。

最有趣的就是研究法老们的木乃伊了，因为法老们的生活是与众不同的。我们将在下一页讲述他们的生活。

木乃伊是怎么制成的?

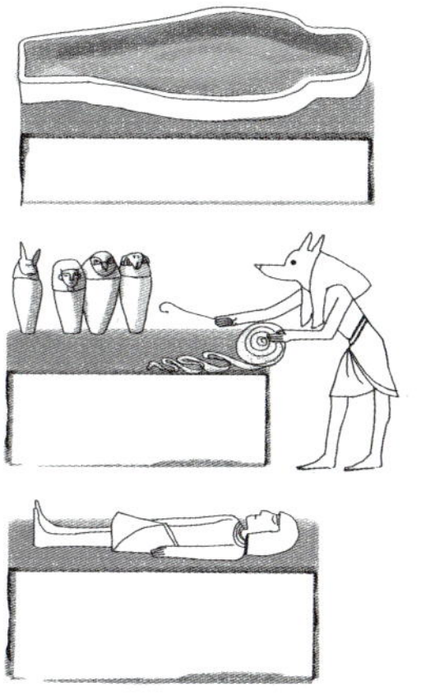

木乃伊制作师取到尸体后，首先用专门的钩子从死者的鼻孔中掏出脑髓并把树脂注入死者头颅里。然后用锋利的石刀切开死者的腹腔，把除心脏以外的内脏全部取出来。这些内脏需要单独保存：用亚麻布把它们缠起来、裹住，放在专门保存内脏的“卡诺匹斯罐”中。之后人们会把它们和木乃伊一起放置到墓室里。死者的尸体需要仔细清洗，这需要大量的水，因此木乃伊制作师通常都临河而居。清水净尸后，木乃伊制作师会再用盐水清理一遍，接着在尸体内填充香料、亚麻布和木屑。最后，把死者腹部的切口缝合起来，用亚麻布做绷带把尸体严严实实地包裹起来，脸部则覆上面具。

卡诺匹斯罐。

戴着阿努比斯面具的木乃伊制作师向死者亲属展示制作好的木乃伊，图中左面供台上摆放着祭品。

人形棺是用来安置死者遗体的灵柩。它通常是木制的，内外都用彩画和铭文来装饰。通常一位死者会有数个棺木，它们一个套一个地层层套起来共同保护死者遗体。

古埃及的统治者即使在死后也可以得到铭文的保护。祭司对着死者遗体念诵安魂祈祷词，而这些祷词此前已经被刻在了墓室墙壁上。它们被称为《金字塔铭文》。在新王国时期出现了《亡灵书》，书中许多诗文陈述了对死者平安顺遂的祝愿，描绘了阴间生活并提出了宝贵的建议，例如，死后应该怎样呼吸，怎样避免被蛇咬，以及在奥西里斯的法庭上人们将面临什么。

最初，在古埃及只有法老和富人才会在死后被制成木乃伊，但是从中王国时期开始，这种风俗渐渐传播开来。而且不只是人类，甚至动物在死后都会被制成木乃伊！一般是那些被认为是神圣的动物，或者备受主人宠爱的动物。比如，人们在玛塔卡拉公主的棺木中就发现了公主心爱的猴子的木乃伊。

法老们的沉重生活

古埃及法老们生前生活富庶，死后受人爱戴。这并不奇怪，要知道他们要么被认为是神灵，要么被认为是神灵的亲人，否则凭什么让他们来管理国家呢？孟菲斯的居民还在古王国时期就认定，法老是神灵荷鲁斯在人间的代言人，法老去世后，他的继承者就会变成神，而死去法老的灵魂则和众神一起乘坐太阳船在天空旅行。

法老还被认为是神之子，这里的神是指其王朝守护之神，但同时他也必须尊敬其他的神。作为君王兼祭司，法老需要在神庙中侍奉神灵，并且负责农田丰收。因此他必须是强大的、精力充沛的。在这种情况下众神拥有凌驾于法老之上的权力：法老必须尊敬他们并与他们分享战利品。幸运的是，法老身边总是幕僚云集，他们帮助自己的君主选择正确的道路。

写有法老麦伦普塔赫名字的王名圈。

埃及法老的名字在书写的时候都会被圈起来。这种保护法老名字的椭圆圈就是“王名圈”。这种在王名圈中书写古埃及法老名字的风俗使得若干世纪之后的埃及学家们受益匪浅。

关于这一点，详情请见第85页。

如果你是法老的儿子，那你是不会有时间寂寞无聊的。为了掌握用兵之道——这是作为王室继承人必须掌握的能力，王子们需要孜孜不倦地训练。因此你要学习掌控舵桨船、驭马、拉弓射箭和快速奔跑。只有掌握了这些技能，你才能狩猎羚羊并参加体育比赛。

法老可以拥有数位妻子，有时候他们会有一个庞大的后宫。这样一来法老会有许多个孩子，而每一个孩子都想登上王位，因此王宫中总是因为立储之事发生各种纷争。

法老和王后坐在王座上，仆人、祭司和王子公主们环侍周围。

要继承王位就必须娶法老的女儿，因此王子们常常娶自己同父异母的姐姐为妻。而法老为了不委屈自己的孩子，会把成年子女安置在重要的职位上并赐予他们巨额财富。这样，即使王子们没能够登上王位，也能成为达官显贵。

法老的幸福不只受制于众神的旨意，还受制于祭司。要知道祭司可以以神之名赞同或否定王位继承人，这就意味着，祭司有权直接决定谁将登上王位。此外，在古埃及不止一个神庙，每个城市都有神庙，因此，祭司的数量也很多。哪座城市离首都更远，这座城市里的神庙祭司就会拥有更大的权力，法老对他们的掌控力度也就会弱一些。

身穿豹皮礼服的祭司。

法老还需要做什么呢？他需要发布修建神庙的命令，开放建好的神庙并侍奉神灵。法老必须参加大型的宗教庆典活动、批阅大臣们的报告、下达指令、任命官员、接见外国使者、开庭审理案件并做出惩罚或宽恕的决定。法老还要从王宫露台上给臣民发下赏赐并外出狩猎狮子和羚羊。最后，还要参加战争。此外，他们也要匀出时间给家庭以及进行娱乐活动。

并非只有祭司威胁法老的统治，还有诺姆长。
诺姆长又是什么人呢？请阅读第38页。

金字塔——生命的纪念碑

古埃及法老拥有极大的权力。因此当你的属下把你夸到天上去的时候，你难免就会骄傲自大了！生活在公元前27世纪的法老佐塞尔就认为，自己这么伟大，死后不适合葬在普通王族用的玛斯塔巴里。他命令大祭司伊姆霍特普设计建造一座更宏伟的建筑。后者成功了。他为普通的、巨大的玛斯塔巴地面建筑设计了阶梯结构，这些阶梯总共有六层，一层比一层小。这就是第一座埃及阶梯式金字塔。

人们把已经被凿平的石块一块块地垒起来。金字塔由专业的建筑工人和因为尼罗河泛滥而暂停农活的农民建造而成。国家会为建造金字塔的农民提供食物和衣物。

佐塞尔金字塔。

古王国时期埃及人建造了许多金字塔，但随后这种建筑就走向没落了。中王国时期的统治者试图延续这项传统，但是法老们更愿意在悬崖上的石窟墓里安眠，因为盗墓贼很难闯进这种悬崖墓穴里。

怎样才能搬运这些巨大的石块呢？工人们把石块放在木橇上，用绳索把它们拉上去。

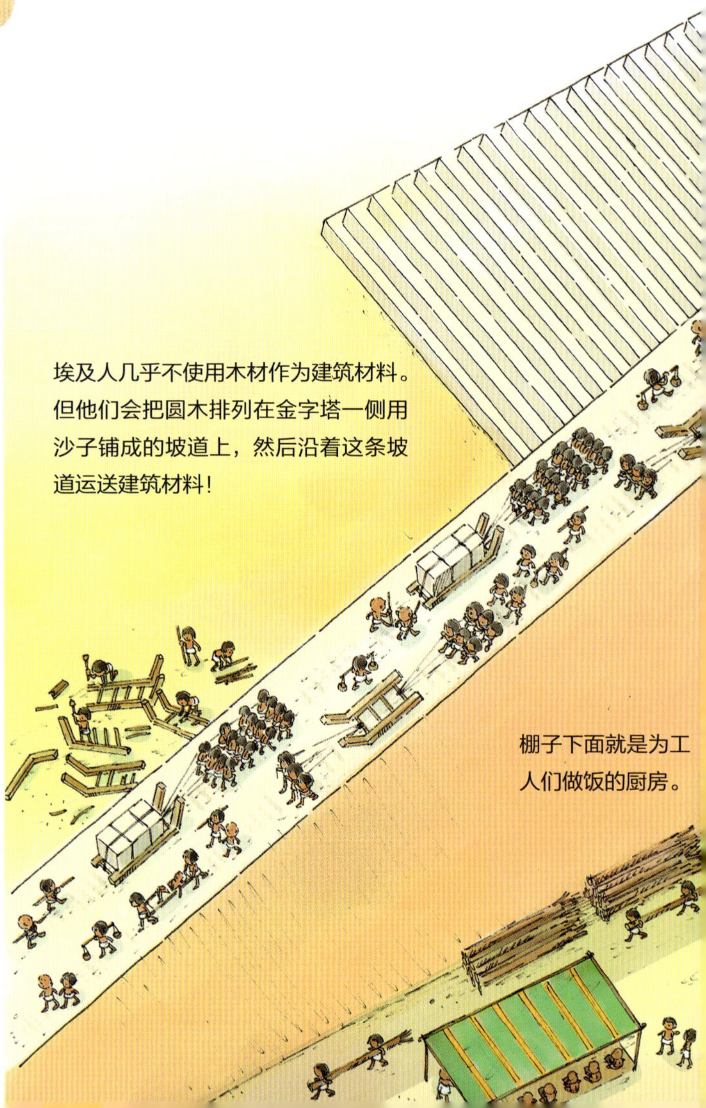

埃及人几乎不使用木材作为建筑材料。但他们会把圆木排列在金字塔一侧用沙子铺成的坡道上，然后沿着这条坡道运送建筑材料！

棚子下面就是为工人们做饭的厨房。

玛斯塔巴。

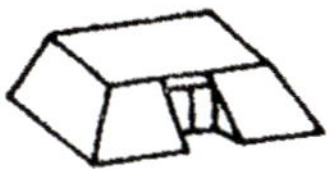

阶梯式金字塔。

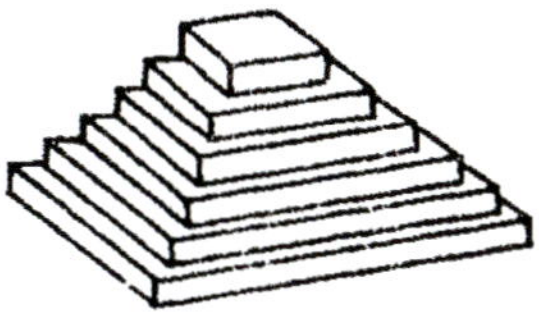

金字塔。

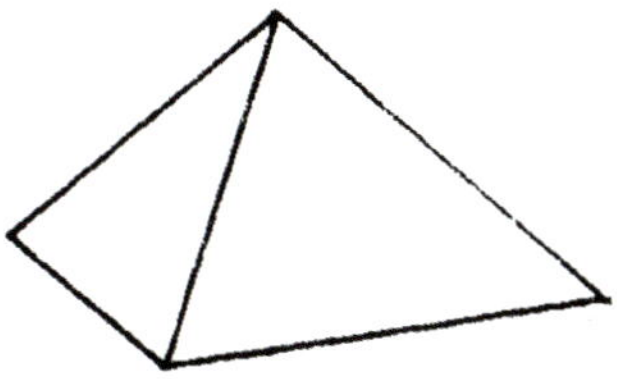

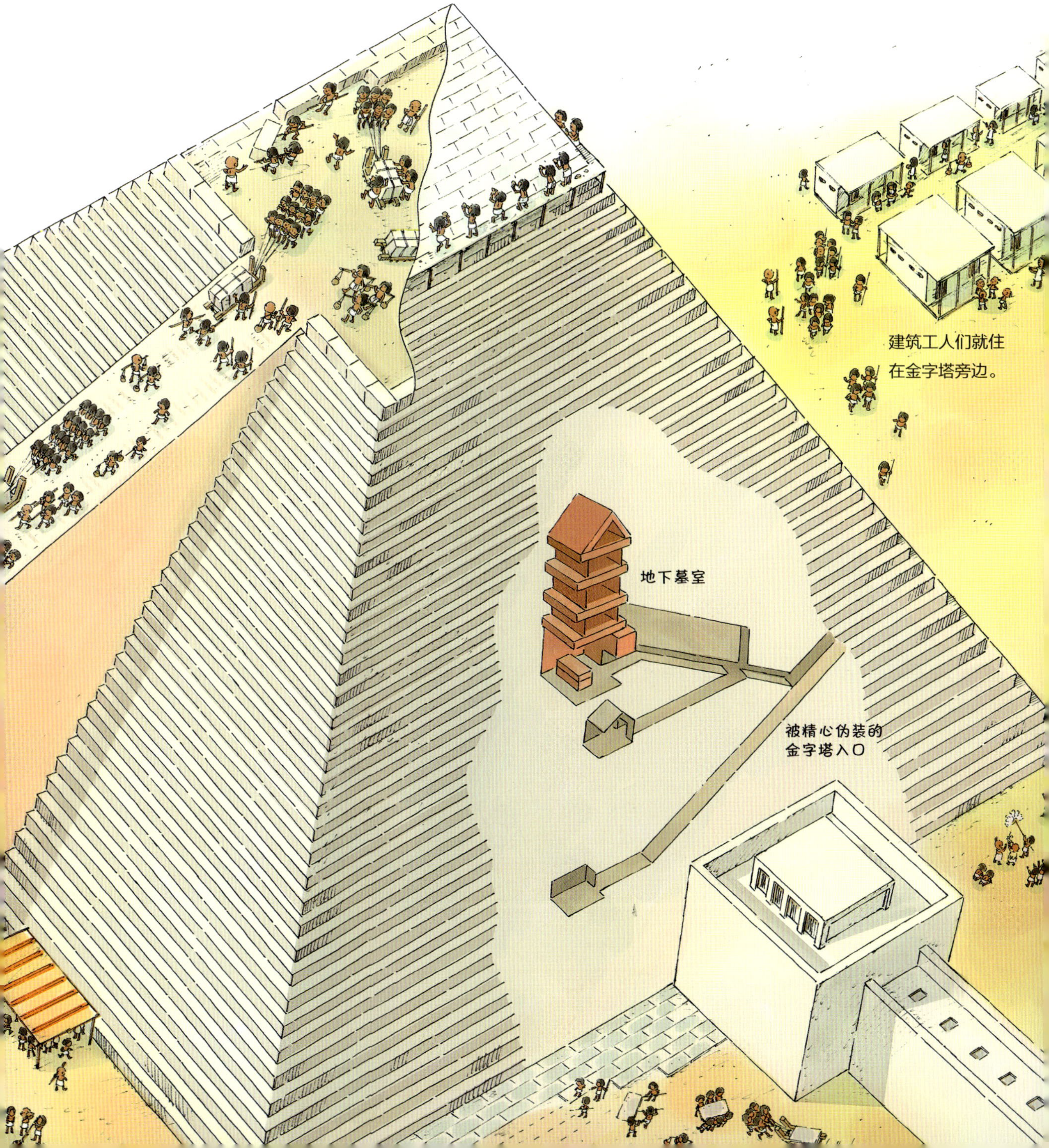

伊姆霍特普为佐塞尔法老建造的不仅仅是金字塔，而是一整个墓葬建筑群，其中包括围墙和享殿。从那时起就形成了一个传统：金字塔不再是单一的建筑，其周围会修建许多附属建筑。

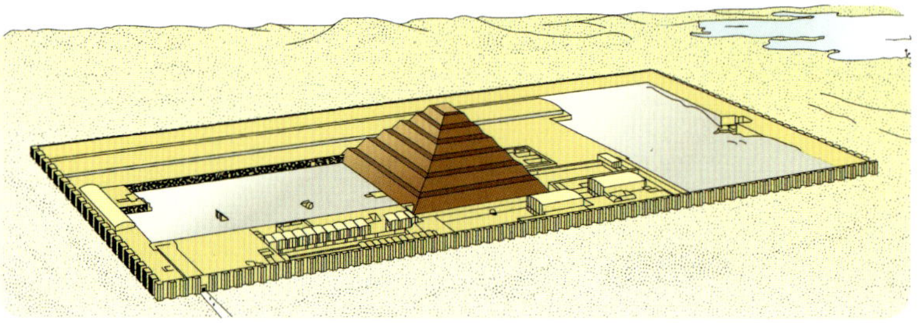

如你所见，伊姆霍特普是一个天才式人物：他不仅是政府高官、建筑师，还在许多领域富有成就。我们将在第49页为你们讲述他的另一项杰出才能。

佐塞尔之后的法老们希望自己的金字塔能超过他的。人们普遍认为，公元前26世纪为法老斯尼夫鲁建造的金字塔才是历史上第一座真正的金字塔。而胡夫法老下令在吉萨建造了一座巨大的金字塔，高达146.6米，相当于40层大厦高。塔身由平均每块重3.5吨的巨石堆砌而成，这几乎是一头大象的重量！胡夫金字塔建造于公元前25世纪，它是现存最大的金字塔，是世界八大奇迹之一。

胡夫金字塔。

建造金字塔不是一年两年就能完成的。据希罗多德的记载，胡夫金字塔的建造时间长达二十年。

关于希腊历史学家希罗多德，请见第82页。

后来发生了什么？

你还记得吧，金字塔是在古王国时期开始建造的，之后这种建筑就没落了。而在第一中间期的时候古埃及人放弃了建造巨大的金字塔，他们只建造了一些小型的金字塔。

公元前21世纪，孟图霍特普二世结束战乱，重新统一了埃及。从此开启了古埃及艺术和建筑史上的繁荣时期。

一个新的时代——中王国时期开始了。因为害怕新的政变，中王国时期的法老们试图限制权贵的权力，但是他们的王座仍然岌岌可危。这一时期的埃及积极进行对外贸易和对外战争，因此国库充足，金银财宝无数。在这一时期埃及还出现了一种新的手工业——玻璃制造业。

公元前17世纪中叶到公元前16世纪中叶是古埃及的第二中间期。其中有一段时间，埃及部分地区被来自西亚的游牧民族所建立的希克索斯王朝统治着。

关于玻璃制造业和其他手工业，请阅读第35页。

但是希克索斯人最终也没能够统一埃及。他们只统治了埃及北部地区，底比斯及其周围的地方仍然服从埃及法老们的统治——尽管这种统治衰弱无力，但却是独立自主的。在第二中间期末期，底比斯的法老汇集力量推翻了希克索斯王朝，并在公元前16世纪中期开始了新王国时期。

法老们永远被描绘成胜利者。

底比斯王朝统治下的埃及不断进行对外征战并成了世界强国。埃及人征服了从努比亚到幼发拉底河的广阔领土。这时的埃及繁荣富强，到处都修建了雄伟的神庙，而埃及人的探险队甚至抵达了异国他乡。但是这个强大的国家也经常面临着外来势力的侵略和内部势力的分裂。公元前一千多年，埃及再一次分裂为两部分。祭司们重新陷入和法老争权夺利的旋涡中，而登上王位的却经常是外国统治者。这一时期被称为第三中间期。

第三中间期之后是后王朝时期。后王朝时期以埃及被马其顿人占领而终结，并由此在公元前4世纪开始了希腊化时期。

关于希腊化时期，请见第79页。

现在我们回到本书开头部分看看“时间长河”，以便正确记住埃及历史上各个时期的先后顺序。

看图中，希腊化时期埃及人在丹达腊建造的神庙是多么精致华美啊！

种瓜得瓜，种豆得豆

和现代人一样，古埃及人也需要为了吃和穿而从事农业劳作，因为农田里可以长出用作食物和衣物的农作物。植物生长离不开阳光和水，埃及光照充足，但灌溉农田却不是一件容易的事，因为这时候的埃及既没有水管也没有灌溉设备。而埃及人想出了自己的办法：他们把农田分成大小相同的一块块田地，用土堤把它们各自围起来，中间挖开沟渠。

古埃及历法按照农时把一年分为三个季节：泛滥季，从7月中旬到11月中旬；长出五谷季，从11月中旬到次年3月中旬；干旱季，从3月中旬到7月中旬。那么，什么时候庆祝新年呢？当然是在尼罗河水泛滥的时候了。

古埃及人如何确定尼罗河什么时候泛滥呢？请阅读第63页。

古埃及人一般都是拉网捕鱼的。他们有时候把大网拉在两条船之间来捕鱼，有时候张开小网捕鱼，甚至用鱼钩钩鱼，如果见到大鱼，就用棍子把鱼打晕钩上来。

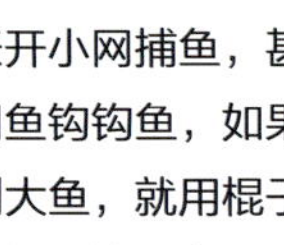

捕河马需要一整个团队出动，人人都要手拿长矛。

当尼罗河开始泛滥时，河水沿着挖好的沟渠流入每一块田地里。之后河水退却，会留下许多淤泥。人们会在这一层肥沃的土壤里种植小麦、大麦或亚麻。小麦和大麦种子可以磨成面粉烤制面包，亚麻布则可以做成衣服。

用两头牛拉着犁，犁地、播种、用木锄头松一遍土，最后在地里放一群羊来踩踩土壤。

古埃及人喜欢吃什么？
请阅读第70页。

春天是收获的季节。人们用镶着石刃的木镰刀割下小麦和大麦，捆成一捆一捆的，用驴子运回打谷场。然后再次驱赶动物，让它们踩踏麦穗使小麦粒和大麦粒从壳中分离。之后用木锹扬起麦粒和麦糠的混合物，风吹走空壳后，留下沉甸甸的麦粒。最后给粮食称重，并存入地窖中。

古埃及酿酒业非常发达。早在公元前4000年和公元前3000年之交时，埃及人就从两河流域移栽了葡萄藤，开始全年种植葡萄。埃及人不仅吃葡萄，还喝葡萄汁。

采摘葡萄，脚踩葡萄榨汁。

葡萄酒是这样酿制的：把成熟的葡萄果粒放入大圆桶里，人们爬进去用脚不停地踩以便榨出更多的葡萄汁，葡萄汁通过桶上的孔流到下面的容器里，之后把葡萄汁倒入双耳细颈罐，静置发酵。埃及人制作的葡萄酒既供自己喝，也用于交易。

现在我们很难想象，如果埃及没有骆驼会怎样。事实上，在古埃及是没有骆驼的！骆驼原产于阿拉伯沙漠地区，它们大约是在公元前3世纪，即希腊人统治埃及的时候，才被引进到埃及的。

埃及人养殖公牛和母牛，它们可以用来拉犁耕地。山羊、羚羊和绵羊也是必须要养殖的：它们的肉可以吃，奶可以喝，皮子可以用来做衣服、铺床，人们还用它们来祭祀神灵。埃及人还养殖禽类，比如鹅、鸭子、鹤以及鸽子。驴子可以载人，也可以用来驮行李。希克索斯游牧民族（还记得公元前17世纪至公元前16世纪时曾经统治埃及半壁江山的希克索斯王朝吗？）还给埃及带来了马。

农民在给奶牛挤奶，拴在旁边的小牛哀怨地哞哞叫，它看起来也想喝妈妈的奶。

沙漠里有瞪羚、羚羊、鸵鸟、野牛和兔子，但不是每个人都能猎捕到它们。只有真正有经验的猎人或者有许多帮手的贵族老爷才能捕获这些猎物。

埃及人还会什么?

在埃及，人们对金属的探索和了解跟在其他古国一样也是循序渐进的。这个过程从大概公元前四千余年开始一直到现在。最初人们学会了开采铜矿，从中冶炼出铜并用铜制造了各种劳动工具和武器。之后人们开始在铜中加入锡，将这两种金属混合加热冶炼就成了青铜。与纯铜相比，青铜硬度更大，因此很快就流行起来，人类进入了青铜时代。在公元前7世纪至公元前4世纪的后王朝时期，古埃及开始了铁器时代。铁的品质更优于青铜和铜，但是从铁矿石中提炼铁却很困难。因此人们在学会使用铁器之后的很长一段时间里仍然广泛使用青铜器，甚至是石器。至今我们仍然生活在铁器时代，如果你注意一下，很容易就会发现，汽车、各种仪器、机械等都是由铁合金制成的。

锻造工匠们借助特制的风箱把火烧旺。这种风箱是用脚踩来提供动力的。

正在工作的木匠。

要想了解古埃及的手工业，我们最好先从锻造工匠开始。他们先用旺火把坩埚里的金属熔炼成金属水，然后把金属水倒入模中，再把冷却成型的金属锭倒在石头上，用另一块石头不停捶打，直到金属锭变成金属丝或金属板。在冶金匠铺里生产出了其他手工业所必须的工具。不难想象，如果没有专门的金属工具，那么制造一把刀或砍倒一棵树该多么困难啊！在人类历史上，没有金属工具的时代被称为石器时代。

关于石器时代的历史，请阅读“穿越时空之旅”书系的《探寻石器时代》。

此外，在古埃及还有许多其他种类的手工业。我们接下来了解一下其中一些手工业。

粗木工和细木工用埃及刺槐、刺柏、来自南方的乌木、来自叙利亚的云杉和冷杉制作椅子、桌子、柜子以及弓、箭，甚至还有乐器。木匠们工作时需要用到手锯、斧头、凿子、木锤、长柄凿子等工具。说不定，你还可以在自己家里找到类似的工具呢。

古埃及陶器作坊。

陶瓷珠串。

贵族府邸和法老宫殿装饰用的瓷砖。

你肯定会用橡皮泥捏出小碗或瓦罐的样子。而埃及人早在上下埃及统一之前就会用黏土制作餐具了。

最初古埃及人制作瓦罐的全部工序都是用双手完成的。但是想要让瓦罐表面光滑并不是一件容易的事，而且需要花费大量的时间。如果人们需要大量的瓦罐，那该怎么办呢？早在古王国时期，这个问题就解决了：人们发明了陶器轮子，从此做瓦罐就快多了。

制陶业的发展对历史学家和考古学家来说非常重要。想想这是为什么呢？因为考古学家可以通过发掘的陶瓷器具确定其使用者所属的文化及年代。制作陶器的黏土、陶器的形状、陶器上的花纹以及其他种种细节，所有这些对历史学家们来说都非常重要。

关于“瓦罐之父”的故事，请阅读第87页。

埃及人在制作金器和银器上成就斐然。他们用黄金和白银制作首饰、奢侈的餐具、武器和家具。

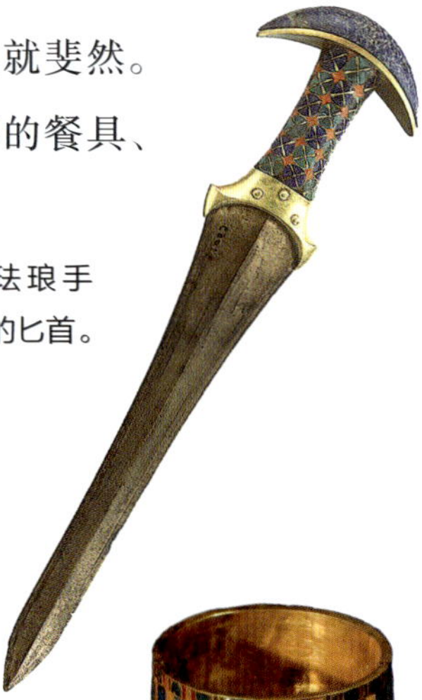

镶珐琅手柄的匕首。

黄金镶边木制法老王座。

王座的主人是谁？请阅读第47页。

金属镶边木箱。

纹有荷鲁斯之眼的镶珐琅金手镯。

古埃及人穿的主要是亚麻制成的衣服。为了制作亚麻面料，首先要手工收集亚麻茎，然后把亚麻茎穿进特制的篦子似的齿状器具里，经过浸泡，用木槌捶打，用梳刷器梳理纤维。之后抽出纤维并将之卷起来，这就得到了亚麻线。

玻璃制造业最早出现在古埃及。你以为，埃及人立马就能想到把玻璃镶到窗户上吗？当然没有！最开始这种新发明完全是不透明的。玻璃制造业在公元前15世纪前开始繁荣起来，当时底比斯是玻璃制造之都。

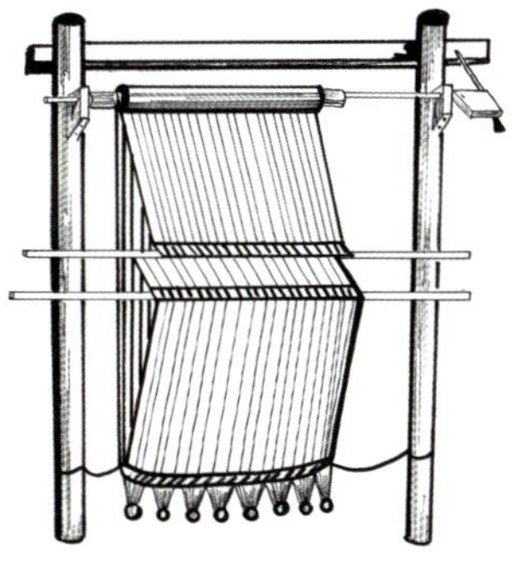

织机早在早王朝时期就在埃及出现了。这种原始织机是在固定于地面的木桩上安装两根固定的轴，用这两根轴把经线拉紧，另外再有两根轴用来调整经线的长度。织工蹲着用梭子在经线之间往返牵引纬线。布织好之后有时候还需要进行染色，比如染成黄色、蓝色或红色。

早在前王朝时期，古埃及人就已经会用所谓的玻璃膏来制作珠串、项坠了，之后还学会了用它制作香料瓶和餐具。实际上，玻璃膏并不是玻璃，它只是一种釉面黏土。这种材料可以用来装饰各种器具。埃及人还用它来仿制昂贵的碧石和青金石。

古埃及人在莎草纸上写字。先将纸莎草茎的外皮削去，把内茎切成纵向的长条，将这些长条密密地并排放在光滑的板上，然后在上面再横向覆上另一层，两层长条要互相垂直。把这些薄片长条用石头等重物压着，放到太阳底下晾干。最后把它们粘在一起，卷成一卷卷的纸卷，而不是像今天一样装订成书本。莎草纸除了埃及本国人使用，还出口到其他国家。如果没有埃及莎草纸，那么无论埃及人，还是希腊人、罗马人，都不会有书写材料了。

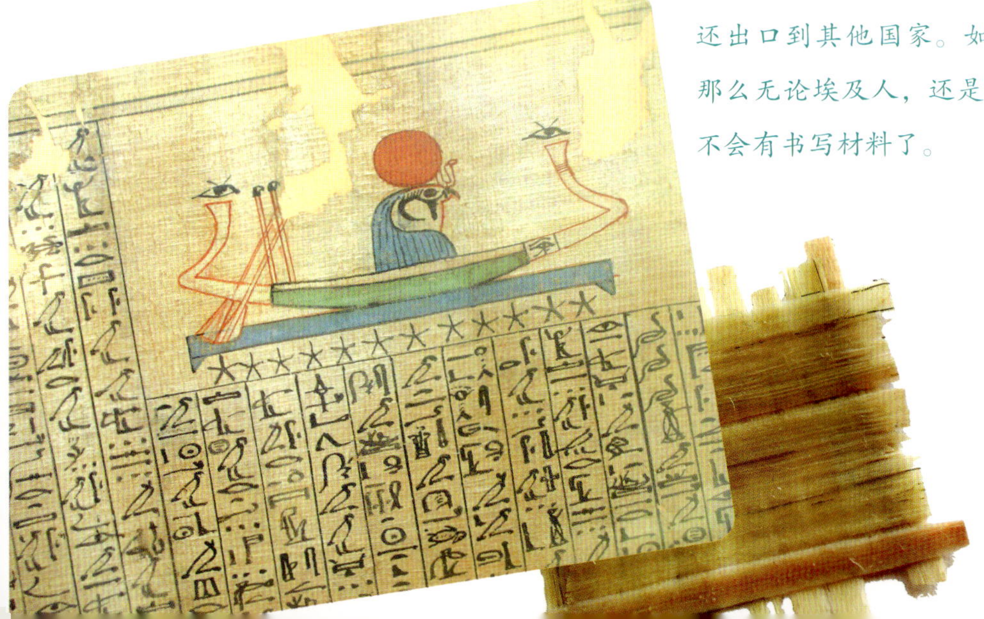

莎草纸是一种结实耐用的书写材料，它可以保存数千年。

官员——用莎草纸和羽毛笔写字的书吏

法老的巨大财富、灌溉田地事宜、金字塔建造等事务都需要有人来管理。为此古埃及和其他国家一样有一个庞大的官僚体系。官员们负责监测各项工作进度、统计农田收益和战利品、承担税收工作、向法老报告国家大事，而且他们必须将所有工作都记录下来。如今，我们每个人都会写字，但是在古埃及却并非如此。在古埃及有一个特别的、非常受人尊敬的职业——书吏。无论什么工作都离不开书吏，在王室图书馆、法庭上以及法老身边，都能看见他们的身影。

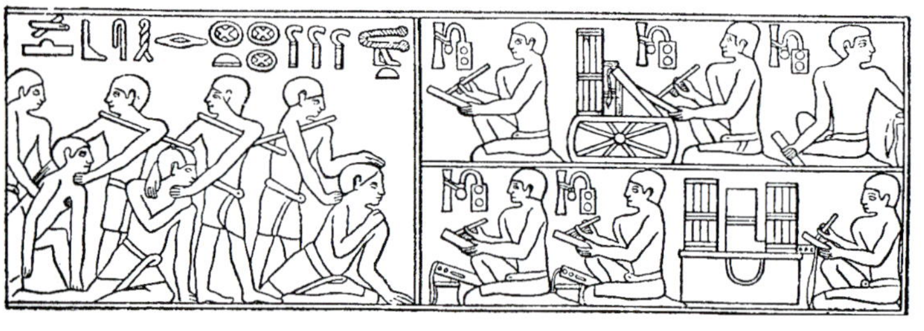

图的右边是书吏们在工作，而左边是缴不起税的百姓和正准备拿木棍击打他们的官吏。

书吏这份工作职责不少，但仍不失为一项好工作。得到这份工作并不容易，必须要经过很长时间的学习。一旦你成了一名书吏，那你就不必再为自己子女的未来操心了，因为他们在未来某一天也会被征召成为官员的。当然，他们必须受过良好的教育，并且你在职期间没有犯过严重的错误，否则你的子女会失去这个机会。

古埃及的领土被划分为若干个诺姆（相当于州或省）。下埃及有22个诺姆，上埃及诺姆的数量与之相近。每个诺姆都有自己的行政长官——诺姆长。他效忠于法老。

古埃及拥有广阔的领土。为了方便管理，统治者和不同地区的官员需要保持联系。他们之间的信件由信使负责传达。信使的工作不仅辛苦，而且还很危险。有时候会遇到野兽袭击，甚至被敌对势力俘虏。此外，他几乎一生都奔波在路上。

绘有诺姆长伊皮的浮雕。

这就是从最顶层的法老到最底层的仆人和奴隶都包括在内的埃及国家体系。一个人离塔尖越近，那么他在社会上的地位越重要，得到的荣誉和尊敬也就越多。

诺姆长拥有很大的权力，当然也承担许多职责。他要召集民众修建公共工程、监督自己的领地里有没有人犯法、确保领地上所有纳税人都缴上了税、采购并储存食物以防备饥荒。古埃及人总是生活在恐惧之中：万一尼罗河水位上涨得不够高，粮食大减产了呢？因此他们总会储备食物。

最开始的时候诺姆长都是法老的近亲，但他们会把这个职位传给自己的下一代，所以到最后诺姆长几乎不再听从法老指挥了，特别是在离首都比较远的诺姆。因为法老远在天边，诺姆长自己就能当家做主。他们越来越大胆，以至于不少诺姆长都威胁到了王权。

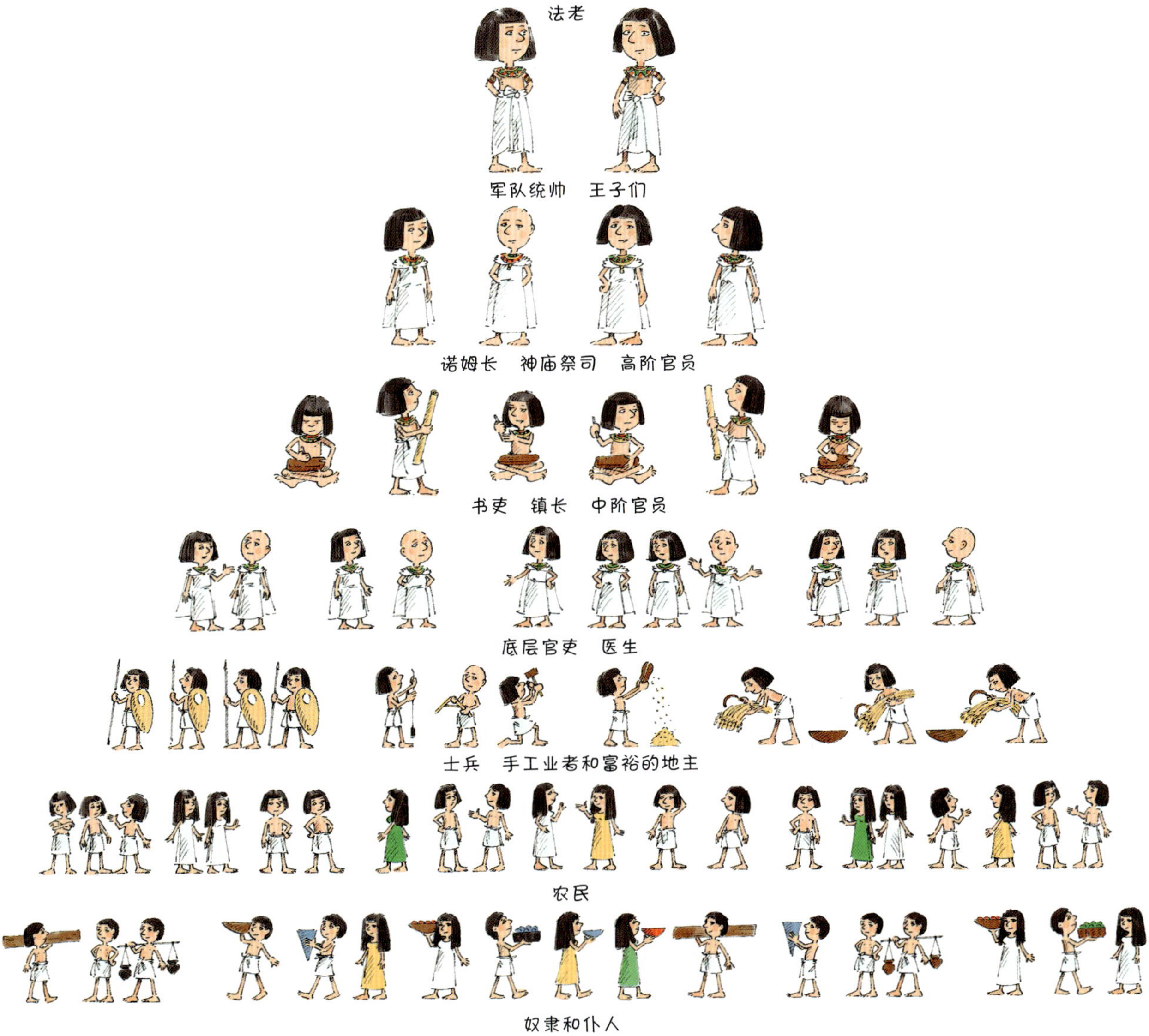

读与写

大多数文字的字母表里，每个字母都标明特定的读音。但是埃及文字却属于另一个体系。最开始古埃及人使用的是原始的图画文字，即用特定的图画来表述特定的物体，比如，“树木”“家”“太阳”等。接着古埃及人创造了表意文字。借助于一些文字的特征——表意字符，人们可以表达某些抽象概念。比如说，画了一幅“太阳”的图画，埃及人可能表示的是“白天”的概念，因为太阳只有在白天的时候才能见到。古埃及人后来又进一步创造了表音符号，它们也是一个个形象逼真的图形符号。只不过这些图形表音符号只是纯粹的发音符号，而失去了其图像原有的含义。

古埃及人的文字渐渐发展成了象形文字。你应该知道，象形文字和纯标音的拼音文字是不同的。象形文字里某个字所表达的可能是某个具体的物体，也可能是一个或几个辅音，甚至可能是抽象概念。但是埃及象形文字里只有辅音符号，没有元音符号。为此，从19世纪开始，学者们在阅读过程中为了便于发音，经常在辅音之间需要元音的地方加入一个近似英语“e”的短元音。

象形文字形成于第一王朝统治之初。

在古王国、中王国和新王国时期有将近800个象形文字。而在希腊—罗马统治时期埃及的象形文字超过了6000个。象形文字书写时没有标点符号和空格。

现在，大多数文字在书写时是从左到右的。古埃及象形文字的书写方向则比较自由，可以从左往右、从右往左，也可以从上往下，只是不能从下到上。它们的行文方向可以根据图画判断出来：如果人或动物向右看，那么读者应该从右向左读，就像看着人的脸或野兽、禽类的面部一样。

祭司体文字出现于第一王朝统治时期。

但是日常生活中人们并不用象形文字写字。想象一下，如果用这种文字写一篇日记的话，得花多长时间啊！因此除了象形文字，书吏们还会使用祭司体文字——这是将象形文字的符号外形加以简化而形成的快速书写体。而在公元前7世纪时祭司体文字又为世俗体文字所取代。“世俗体文字”是希腊历史学家希罗多德为这种“平民文字”命名的。但这并不意味着，人们再也不用象形文字了！相反，在书写纪念碑文和祈祷经文时人们仍然花费大量时间精心刻写象形文字。

破译世俗体文字非常难，但学者们成功了！古埃及文字发展到最后一个阶段就是科普特文字。科普特文字是在古希腊字母基础上形成的。18世纪时科普特文字退出了历史舞台。

世俗体文字。

古埃及人在石板、木板、毛皮、陶瓷碎片和莎草纸上写字。木板和陶瓷碎片是最便宜的书写材料。学生在学校里练习写字就是用木板和陶瓷碎片的。而莎草纸则用来记录重要的文献。至于石头嘛，如果要在石块上刻一篇铭文，倒是可以保存千百年。如果只是想在石头上刻一些无聊的话，比如“小明到此一游”之类的，那埃及人是不会费那个功夫的。

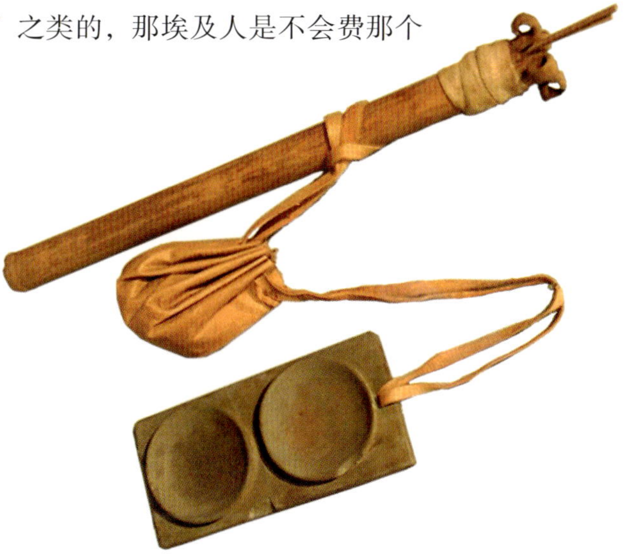

装芦苇笔的盒子以及装干颜料的盒子。根据考古发现，书吏的日常配置中还应该有一个水瓶，里面的水可以用来稀释颜料。

埃及人用芦苇笔来写字。最开始用细芦苇秆当笔用，后来在公元前3世纪时人们开始削尖芦苇秆来做笔，此后人们的书写方式就发生了很大的变化。除一篇文字的开头部分是用红色的墨来书写外，几乎所有的文字都用黑色的墨来写。

罗塞塔石碑帮助学者们破译了古埃及文字。罗塞塔石碑是什么？请阅读第84页。

做女王难：和平女法老哈特谢普苏特

在古埃及，女性通常负责做家务和教育子女。但这并不意味着，女人隶属于男人。有时候古埃及女人可以拥有很大的权力，甚至登上王位。这并不奇怪。历史上曾经出现过许多女皇帝或女王，如今许多国家的元首也是女性。但是我们得承认，这些女性领导人很不简单，而在古埃及，女人要想登上王位更是难上加难。现在我们来了解一下哈特谢普苏特是怎么成为法老的。命运让她在自己的继子图特摩斯三世继位后以摄政王的身份全权管理国家事务。

刻有哈特谢普苏特名字的王名圈。

摄政王是一个国家的副元首。摄政王不能成为正式的皇帝或国王，但可以在皇帝或国王年幼或生病时代行元首之职。

哈特谢普苏特不希望图特摩斯三世长大后从她手中收回权力。做了几年摄政王之后，她流放了自己的继子，宣布自己成为法老。

孩子们站在伟大的女法老哈特谢普苏特的雕像前。为什么女王雕像上会有胡子呢？我们将在下一页为你们讲述。

但仅仅宣布自己是女王还不够，她必须获得臣民的信任和拥戴。哈特谢普苏特命令大臣写一篇文章证明她的父亲图特摩斯一世生前传位于她，因此她是合法继位的法老。她甚至编造身世，称她的父亲其实是太阳神阿蒙的化身。阿蒙永远爱着自己的女儿，也只有她了解阿蒙神的意志并永远追随阿蒙神的意志。

女人很难守住王位，即使她是神的女儿。百姓已经习惯了王位上坐着的是男人。哈特谢普苏特希望向所有人证明，自己不弱于任何一个男人。为此她命令全国各地的画师和雕刻家在描绘她的形象时给她加上胡子。此外她还下令所有王室头衔上都要加上阴性词尾，尽管女王本人命人按照称呼男性帝王的方式来称呼自己——翻译过来就是“哈特谢普苏特皇帝陛下”。

位于代尔—巴赫里的哈特谢普苏特女王神庙（卢克索郊外）。

法老不只是国王和神灵，他还是军队统帅。虽然现代社会的国王和总统们不必再亲自率领士兵打仗，但是在古埃及这却是法老无法回避的责任。而哈特谢普苏特没有接受过军事教育，因此她不得不逃避战争。这被认为是统治者软弱的象征，尤其是在新王国时期，那个埃及积极对外扩张的年代里。因此军方对女王的不满情绪越来越严重。

哈特谢普苏特试图用其他的政绩掩盖自己的和平政策。她在位期间大兴土木，比如修建雄伟的神庙。她还派遣商队到比布尔开展贸易交流，甚至派人探索传说中的国家朋特。在哈特谢普苏特神庙中就有关于埃及船队远赴朋特的记载。这次远航持续了大约一个月的时间。正是因为有了这次远航，我们今天才能看到关于朋特自然风光、朋特女王和当地居民住宅特点的珍贵史料。

哈特谢普苏特女王神庙里的浮雕，这幅浮雕描绘了朋特探险队的队员。

与此同时，图特摩斯三世在流放中备受煎熬。没错，他仍被允许称“王”并参加宗教庆典活动，但他对此并不满足：如果手中没有权力，他又算什么法老呢？最终他积蓄力量从继母兼岳母哈特谢普苏特手中夺回了权力，而后者本打算把王位传给自己的女儿、图特摩斯三世的妻子涅弗鲁利。图特摩斯三世得到了军人的支持。军人们希望在他的带领下重返昔日的荣耀。而你很快就会知道，他们的愿望确实实现了。

征服米吉多以及图特摩斯三世的其他成就

军方没有白白支持图特摩斯三世夺回王权：这位法老在位期间多次征战，以至于被数千年之后的历史学家们称为“古埃及的拿破仑”。图特摩斯三世使埃及成为当时世界上最强大的国家。无论是在他之前还是之后的埃及法老，都没有像他那样把埃及国界线往外推到那么远的地方，占领那么多的领土。

图特摩斯三世精力充沛、野心勃勃。占领巴勒斯坦和叙利亚的大片领土之后他并没有满足于既得利益，而是几乎每年都要重返这些地方以巩固自己的统治并占领新的领土。在图特摩斯三世执政中期，埃及军队包围了米吉多古城。米吉多是连贯多条商路的要冲，占领米吉多意味着打开了通往叙利亚的要道。这场围困持续了七个月，之后埃及人占领了古城并俘虏当地居民。就像图特摩斯三世自己说的，对他而言，占领米吉多的意义丝毫不亚于占领一千座其他城市。

图特摩斯三世还抢空了卡迭石附近的村镇。在其统治后期埃及的领土已经扩张到了叙利亚和两河流域交界地区的迦基米施。然而，这位士兵之王不只带领军队剑指北方，还指向南方。在东北部地区的统治彻底巩固之后他又把努比亚划到了埃及的版图里。

图特摩斯三世从米吉多不只获得了奴隶，还从周围农田里收获了大约150万升的小麦。值得注意的是，他一般都是在夏季去叙利亚和巴勒斯坦，这正是为了从被征服的土地上收获粮草用作军粮。

关于埃及军队，详情请见第77页。

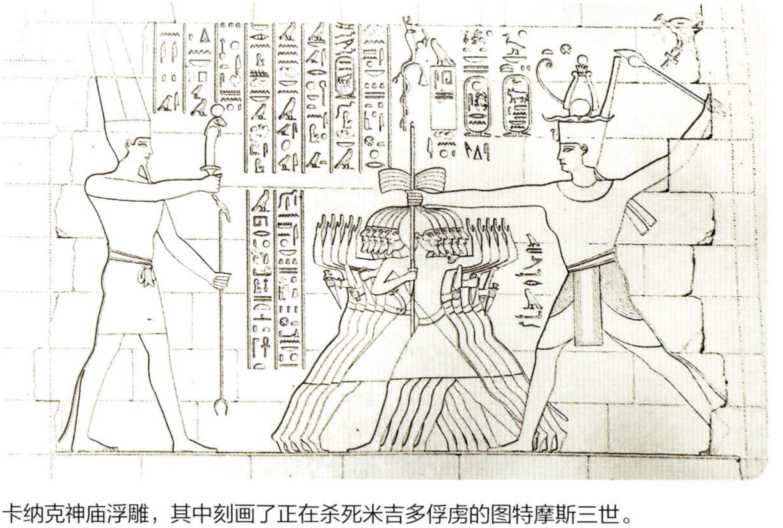

卡纳克神庙浮雕，其中刻画了正在杀死米吉多俘虏的图特摩斯三世。

图特摩斯三世威震四方，许多地方纷纷向他进贡，他开始大兴土木。卡纳克神庙就是一座纪念阿蒙神胜利的纪念碑。图特摩斯三世在各处兴建歌颂阿蒙神的神庙，包括叙利亚和巴勒斯坦。

卡纳克神庙是埃及国家圣地。它也是古代世界最大的神庙之一。

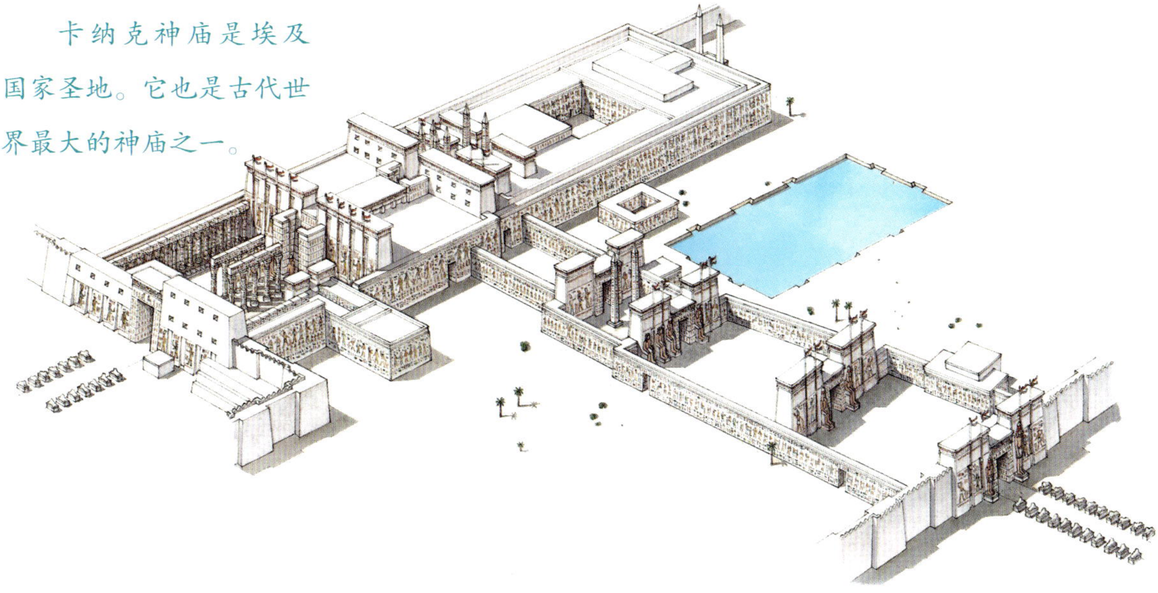

推翻自己憎恨的继母哈特谢普苏特之后，图特摩斯三世开始销毁一切能让人想起她的东西。在埃及各地，哈特谢普苏特的名字、画像、雕刻都被毁于一旦。不久前还效忠于哈特谢普苏特的达官显贵急匆匆地向新王宣誓效忠，而那些没来得及改弦更张的则受到了惩罚。

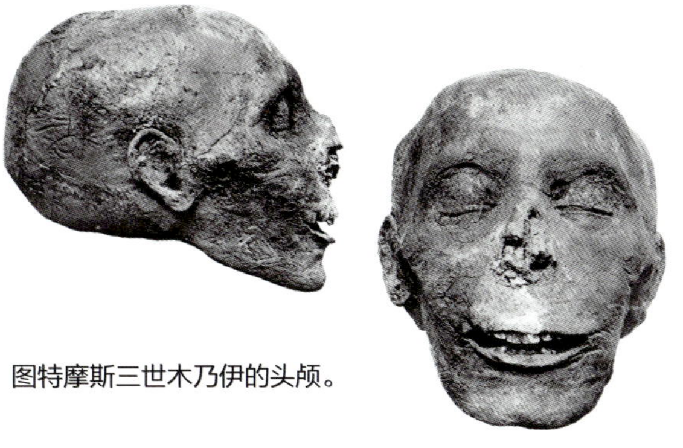

图特摩斯三世木乃伊的头颅。

屈服于图特摩斯三世的威名，其他国家的国王们纷纷向他赠送豪华的礼物。朋特人运来了香树脂、乌木、黄金、鸵鸟毛和兽皮。爱琴海群岛的使者们带来了珍贵的宝石和器皿、白银和首饰。图特摩斯三世把这些都当作是别国进贡的贡品。从某种意义上来说他是对的，因为这些国家确实急着同埃及建立友好的关系以避免战争——这位法老给所有周边国家带去了恐惧！图特摩斯三世在位五十余年，死的时候已经七十多岁了。他死后葬在帝王谷，在这位古埃及最伟大的军事家的棺木铭文上写着：“他没有杀害过任何一个人。”

根据现存的木乃伊来看，图特摩斯三世个子不高、身材粗壮、低额头、厚嘴唇，有着轮廓分明的下颌骨和鹰钩鼻。我们还知道，他喜欢打猎，狮子、犀牛、野牛都是他喜欢的狩猎对象。图特摩斯三世喜欢炫耀自己的力量，据说他曾经一箭射穿了精铜制作的三指厚的靶子。

谜之法老埃赫那吞—阿蒙霍特普

公元前14世纪，法老阿蒙霍特普三世的儿子出生了，这就是未来的法老阿蒙霍特普四世。他的父母并不知道，这个小婴儿将来会以另一个名字闻名于世，并且将成为古埃及历史上最耀眼的法老。

阿蒙霍特普三世去世后，年轻但非凡的阿蒙霍特普四世继承了王位。他很快就开始推行改革。首先，他在自己的名字里加上了“独一无二的拉”这个封号。这个封号意味着新法老与太阳神有着非常特殊的关系。之后他又引进了对太阳神阿吞的崇拜。阿吞，意为“看得见的太阳”。

此后阿蒙霍特普四世开始在卡纳克神庙旁边修建阿吞神庙（记不记得我们上一章讲述过卡纳克神庙？），并把卡纳克神庙的财富悄悄地转献给了新的太阳神。

此后，太阳神被认为是埃及历史上第一位法老。

埃赫那吞及其妻子、女儿在阿吞祭坛前。

太阳神的形象也有了新的变化。与其他埃及神祇不同，阿吞没有人形，他的形象是一个太阳圆盘，或者是被保护法老的蛇神围绕的太阳圆盘，从圆盘上射出的光谱降到人类的手上。

这并不奇怪，如果一个人认为自己是太阳，那他早晚会因为个人的伟大而失去理智。当埃赫那吞作为太阳之子来到自己“父亲”的神庙的时候，所有出席庆典的人，无论是达官贵族还是祭司，都必须在走动或站立的时候弯着腰仰着头，这样他就不得不一直仰视着尊敬的国王。甚至那些大祭司在太阳祭坛旁边服侍法老的时候都必须深深地弯着腰。埃及历史上从没有哪个法老要求臣民以这样奴性的姿态表达臣服。

阿蒙霍特普四世最终还是完成了一次真正意义上的宗教改革。他将首都从底比斯迁至尼罗河东岸、埃及中部地区，取名为“埃赫塔吞”（意为阿吞光辉照耀之地），就是现在的阿玛尔那地区。同时他还把自己的名字改为“埃赫那吞”，意为“阿吞的仆人”。

这样一来，埃及古老的习俗遭到了破坏，那些古老的神祇则被驱逐。法老被认为是太阳神在人间的代言人和化身，同时也是太阳神之子，人民必须同时跪拜太阳神和法老。

左图是埃赫塔吞废墟，右图是埃赫塔吞的王宫复原图。

埃赫那吞在位17年。这个时间太短了，以至于埃及人还没有完全习惯他的改革，他就去世了。此后祭司和贵族抛弃了这位“太阳之子”，选择回归旧制度。他们把王城迁回古王国时期的首都孟菲斯，遗忘了阿吞神，新首都埃赫塔吞迅速衰落。风沙掩盖了这座城市的遗址，但也使其良好地保存了下来，直到19世纪末被考古学家们发掘。

埃赫那吞无疑是一位非常杰出的法老，但奇怪的是，如今他的妻子比他更有名。这一切都是因为她那不同寻常的美丽。你肯定听说过她的名字——奈费尔提蒂。这位王后据说掌握着很大的权力。她通常被描绘成头戴高高的蓝色假发套的形象，蓝色发套上盘绕着数条金丝带。这也是她最喜爱的装扮。

图坦卡蒙及其妻子。

埃赫那吞的继任者图坦卡蒙继位的时候年仅十岁。而他甚至没有活到二十岁就去世了，死因很可能是疟疾。图坦卡蒙成为埃及历史上最著名的法老之一，原因就是他的金字塔于1922年被英国人霍华德·卡特发现了。

关于霍华德·卡特，请阅读第88页。

古埃及的医生

已经掌握了制作木乃伊技术的古埃及人对人体构造有了初步认识。他们懂得如何治疗简单的疾病和外伤——骨折的时候要上夹板、伤口要缝合，也有把握做最简单的胸腹腔手术。处理坏牙对他们来说更是不在话下！但是，当医生们遇到疑难杂症时，他们会求助于巫术。这并不奇怪，要知道最初的医生本来就是祭司。祭司们只是祈求神灵治疗病人，渐渐地他们亲自救死扶伤。古埃及的医生们正是在神庙里学习医术、为病人看病的。

刻有古埃及外科手术工具图像的浮雕。古埃及人用它们来做手术。其中许多工具，如手术刀、钩子、扩展器等与现代人使用的医疗器具非常相似！

在许多木乃伊上我们可以发现环锯术的痕迹。环锯术是一种开颅手术，在古代这种手术非常普遍：有时候人们做环锯术是为了治病，在有些地方则是为了驱除恶灵，而对某些民族来说接受环锯术是一个男孩成年时必须通过的考验。

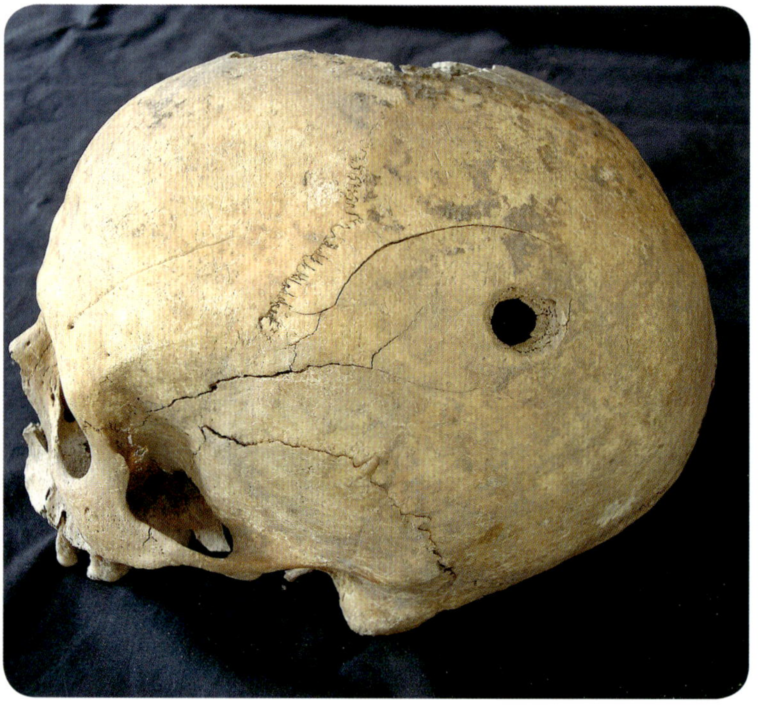

在一具女性木乃伊身上找到的假肢。学者们一直在争论，这到底是人类历史上最早用来帮助人行走的假肢，还是只是安在木乃伊上的假体。

你喜欢吃甜食吗？如果喜欢，那你也许会有牙疼的毛病。古埃及人也有牙疼病，但他们不是因为吃巧克力，而是因为吃普通的面包而得的。他们吃的面包里含有太多的沙子，以致磨坏了他们的牙齿。

有时候医者也可以实现前所未有的成就。比如伊姆霍特普，我们前面曾经告诉过你，他首先是佐塞尔法老的大祭司，设计建造了佐塞尔阶梯式金字塔，然后又作为古埃及最好的医生闻名于世，以至于数百年后被奉为医药之神。

如果人们普遍都患上了某种疾病，古埃及人立马就能想到这是谁的缘故。他们相信，是邪灵和恶魔，还有狮头人身的女战神塞克麦特给人类降下了瘟疫（关于塞克麦特，请阅读第76页）。人们必须非常虔诚地跪拜女战神，否则会引起她的怒火。而向那些善良的、会医术的神灵祷告被认为是有效的治疗手段。在古埃及人的观念里，这些善良的神灵中最主要的一位就是图特神。你们还记得他是谁吗？

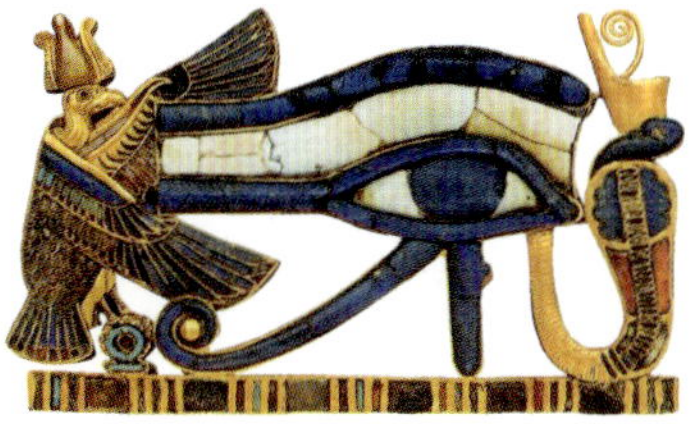

绘有“荷鲁斯之眼”的护身符。

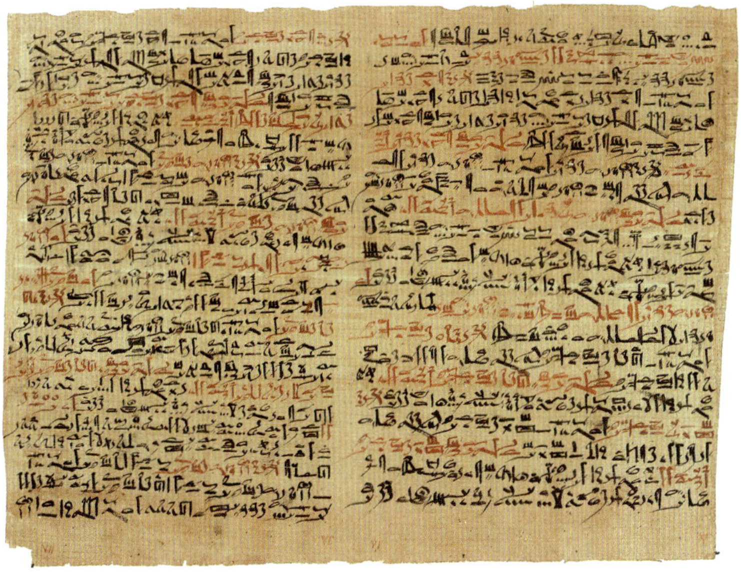

艾德温·史密斯纸草文稿——这是世界上最古老的关于外科手术的论文集（约公元前16世纪）。

图坦卡蒙法老患有关节病。你看到他拄着一根拐杖了吗？

你是不是纳闷，我们是从哪里了解到这些情况的呢？这得益于历史学家们非常仔细地研究了木乃伊和古代文献资料。没错，创作于公元前一千多年的一些关于医学的莎草纸文献幸运地保存了下来，其中就有关于外科手术的小册子、医学教师的授课笔记，甚至还有一些医生的工作簿，记载了谁患了什么病、医生怎么治疗等内容。正是古埃及人最早研究怎么解剖人和动物，也是他们教会了我们如何包扎伤口、如何使错位的骨头复原。其他民族很快就学会了这些知识。我们可以将古埃及称为真正的医学发源地。

故事、历史和史诗

你喜欢读冒险故事吗？那你一定会喜欢写于中王国时期的《辛奴亥的故事》。故事的主人公辛奴亥从埃及逃亡到叙利亚，在那儿流浪了很长时间，之后娶了当地一位酋长的女儿，积攒了许多财富，生了许多孩子，征服了很多领土，还打败了叙利亚的一个大力士。之后在埃及新法老的邀请下，辛奴亥返回了故土。值得一提的是，这篇故事里不只给出了重大事件，还描写了主人公的感情和心理活动。

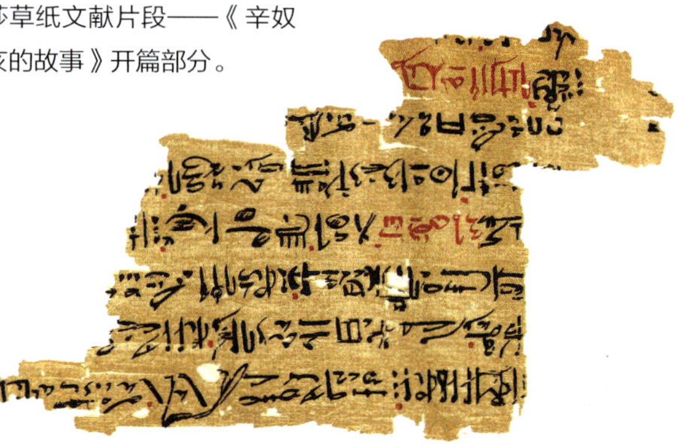
莎草纸文献片段——《辛奴亥的故事》开篇部分。

“我划着一艘无舵的船，顺着西风往东行。我向北进发，抵达了大公的城池，高高的城墙矗立在那里，抵御着来自亚洲的敌人。我在恐惧中躲进灌木丛，防备着被城头上巡逻的士兵发现。我在夜里重新出发。饥渴袭击了我，紧紧抓着我，我大口大口喘着粗气，喉咙像是在灼烧，我想，这就是死亡的味道！”

化成猫的拉战胜了巨蛇阿波菲斯。

古埃及人喜欢神话故事。左图是画在墓室墙上的一幅壁画，描述了化为猫的太阳神拉和巨蛇阿波菲斯战斗的事件。众神环绕的拉每天乘着太阳船游历天空中的尼罗河。他们在傍晚之前抵达冥界。冥界有许多怪物——鳄鱼、河马，还有恶魔等。拉的随从同这些怪物战斗，并且总是能打败它们。最后太阳船靠近了拉的死敌，巨蛇阿波菲斯的洞穴。每天晚上，阿波菲斯看到太阳船后都要喝掉一整条地下河的河水，以阻止拉继续前行。他们的战斗开始了。这是一场可怕的战斗。午夜时分阿波菲斯用尾巴打中了拉的眼睛，并吞下了他。但是拉变成一只猫跳到巨蛇的背上并用剑斩下了它的头颅。

如果你喜欢历史，那你也能找到可以阅读的东西。特别是在新王国时期，要知道那是一个发生过许多伟大战争的年代。重大的历史事件会被人们刻在石头上。《彭陶尔里史诗》就记录了著名的卡迭石战役。此外，卡纳克神庙里保存了许多描绘战役场景的浮雕。如你所见，书不仅仅是写在莎草纸上的。每一个识字的人都可以在神庙的石头上阅读这些记载。

《彭陶尔里史诗》中最耀眼的诗句当属拉美西斯二世所说的话。当时法老孤军深入，被赫梯战车团团包围，他说："如果伟大的拉神抛弃了我，如果我命中注定要战死沙场，那么，伟大的拉，当你穿透乌云的时候，你的儿子已经回归了你的怀抱，他的鲜血染红了大地，而大地像红宝石一样，在你光芒的映照下闪闪发光。"

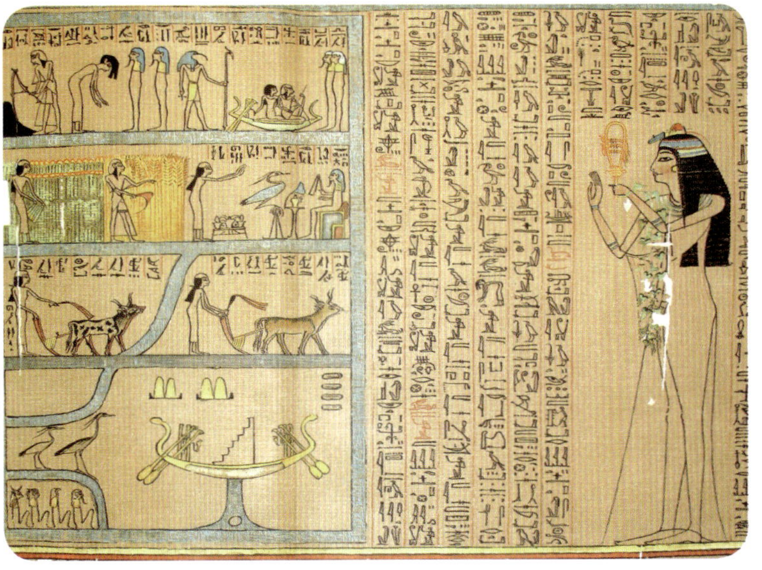

莎草纸文献《亡灵书》中描写阴间场景的片段。

古埃及人创作了世界上第一批图文书。在《亡灵书》中就有与文字相配的插图，而且这些插图的意义丝毫不亚于文字。

两兄弟的故事

从前在埃及的一个村庄里生活着两兄弟安普和巴塔。他们相依为命、兄友弟恭。但是安普的妻子不喜欢巴塔，对丈夫撒谎说巴塔图谋不轨。安普想要杀死弟弟，巴塔疾奔而逃。巴塔向拉神祷告，于是拉神在兄弟二人之间画了一条河，河里挤满了鳄鱼。巴塔为表清白，告诉哥哥真相，哥哥相信了。但是羞愤的巴塔拒绝回家，他挖出自己的心脏并将之藏在雪松树盛开的花朵顶端。过了一段时间，法老想娶巴塔的妻子——美丽的谢普赛特。他用无数的财宝引诱了她，派士兵把藏着巴塔心脏的雪松花砍掉。巴塔死了。知道这件事情后，安普踏上了寻找弟弟心脏的路途，经过艰苦漫长的旅行，他终于找到了豌豆形状的巴塔心脏。他把这颗豌豆心脏放进冷水中，巴塔复活了。安普给弟弟吃下了那颗豌豆，这样心脏就回到了它应在的地方。巴塔最后成了法老，和哥哥一起住在王宫里。

艺术：严格的规则

古埃及人习惯于无论何时、做任何事情都要遵守规则。他们在创作绘画和雕塑时有非常严格的规定。

你想不想做一个古埃及的画家？那你首先要去“生活之家”学习。很难想象，在古埃及不仅陵墓和神庙的墙上要绘满壁画，甚至雕塑上也要涂满画！古埃及的画家不是一个人埋头创造，他要和自己的学生以及其他的画家一起工作。首先由学生们拉着彩色的绳子在墙上每隔一平方米就做个标记，这样画家就可以按照比例绘制图画了。画家会先在碎陶片上绘制草图，然后在墙上勾勒出所绘主体的轮廓。第二个画家负责在这些轮廓里填色。这种工作方式使画家们能够非常快速地在宽阔的墙壁上画满美丽的图画。

关于“生活之家”，请阅读第63页。

在古埃及每一幅画都有自己特别的意义。人们为法老和神灵画像是为了表示崇拜，在陵墓里绘制壁画是为了帮助死者获得死后的安宁和幸福。画画的时候遵守规则是一件非常重要的事情，并且要标注画中人物是谁。

下图是图坦卡蒙金字塔内的壁画。壁画里有法老、祭司和神灵。无论我们从哪个角度看，都会发现他们的头部呈侧面像，眼睛为正面形，躯干为正面，而双腿双足又成了侧面。由于这种奇特的正面法则，我们能够看见画中人物身体的每个部位。通常情况下法老在画中的形象会比其他人要高大一些，这是为了强调他的伟大。能够比法老更高大的只有神灵。而在其他人的墓室壁画中，墓室主人即使不是法老，也会被画得比他的仆人们更高大。

图坦卡蒙金字塔内壁画。

金字塔时代，古埃及人对于什么是完美的雕像形成了自己的观念。这种观念在随后几千年中被雕刻家们严格遵守着。雕像总是美丽而肃穆的。

早在古王国时期人们就开始把打了胜仗的法老描绘成狮身人面、脚踏外族人的斯芬克斯的形象。埃及最著名的斯芬克斯像是大斯芬克斯。这座雄伟的雕像高20米、长73米。它位于开罗市西侧的吉萨区，在哈夫拉金字塔的东面守护着整个陵墓建筑群。至于雕像那个著名的早就丢了的鼻子是被谁弄掉的，至今史学界没有定论。

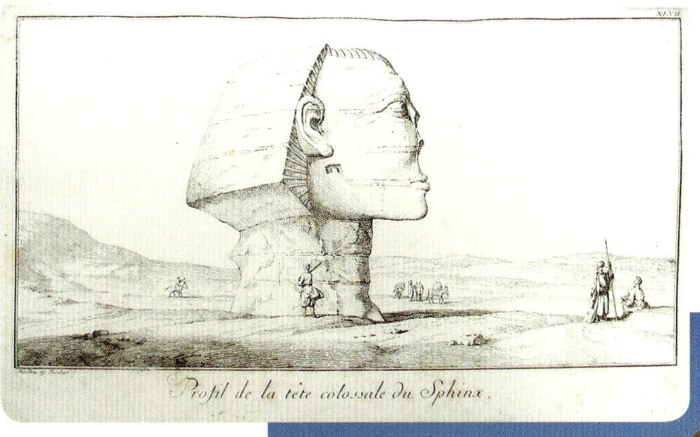

有人认为，斯芬克斯雕像的鼻子是在18世纪末被拿破仑的士兵用炮轰掉的。事实并非如此。丹麦探险家弗雷德里克·诺登1737年画过一幅狮身人面像的草图，当时的斯芬克斯就是没有鼻子的。看图中，当时的斯芬克斯仅露出头颈部，身体已经被黄沙掩埋了。

关于胡夫金字塔，请阅读第30页。

斯芬克斯狮身人面像现状。

古埃及人的家里通常供奉着神像。他们也会把仆人雕像放进墓室里，这样仆人们就会为主人在冥界的伊尔鲁进行田间劳作。

雕塑会被艺术家们涂上色彩。所有的颜料都可以在大自然中找到。其中黄色、红色和棕色得自赭石，黑色得自烟黑，蓝色和绿色来自碎青金石和孔雀石，白色来自石膏或粉笔。把这些材料磨成粉末，然后和蛋清、糨糊混合，就得到了各种颜色。

现在我们来研究一下雕刻材料。古埃及雕塑家可以用石头、木头、瓦、铜、瓷土、象牙和玻璃来做雕刻材料，但他们最经常使用的还是石头。你知道是为什么吗？没错，因为石头质地最坚硬。尼罗河两岸有许多采石场，这些地方出产石灰岩、砂岩和花岗岩。而用来雕刻的木头通常来自其他国家。

浅浮雕。

雕塑家们还会创作浮雕，这是一种在墙壁上雕刻出凹凸起伏形象的雕塑。浮雕可以有不同的高度。浅浮雕中的图案只是略微高于其背景。浮雕的创作顺序是这样的：首先用红色赭石描画出雕塑主体的轮廓，接着用刀雕出轮廓的边并“抠掉”周围其他部分。这样浮雕就完成了。

还有一种雕刻形式是阴雕，又称沉雕，它们的创作顺序和浮雕是一样的，只不过被“抠掉”的不是背景，而是图案。因此，阴雕最好在阳光下欣赏。人们经常用阴雕来装饰神庙和坟墓的外墙。

阴雕。

我们在绘画中经常采用透视法则，即近处的物体会画得更大一些，远处的则小一些。古埃及人则从来不用透视法则。如果画家在画人物时想要画出其身体的每一个部分，当然就不能缩小或模糊远处的物体。

你从前文已经了解了，埃赫那吞迁都阿玛尔那并进行了宗教改革。他的改革也触及了艺术方面。首先，埃赫那吞下令把自己描绘成好丈夫和慈父的形象。这种改变是惊人的，要知道无论在这之前还是之后古埃及画家都没有描绘过法老的家庭生活。其次，绘画和雕刻中的人物形象发生了很大变化。

埃赫那吞及其家人——法老的家庭祭坛。请看，雕塑中人物的头部被拉长了，胸部瘦瘦的，大腿很粗，而腹部则是下垂的。除了埃赫那吞，没有哪个法老希望自己被塑造成这个样子！在这幅雕刻中法老有着长脸、窄眼睛、高高的颧骨、长长的鼻子和夸张的鼻翼。学者们至今还在疑惑，为什么阿玛尔那画家和雕塑家会创造出这种风格。

还记得埃赫那吞逝世后发生了什么吗？和他推行的其他新政一样，阿玛尔那风格的艺术革新很快被遗忘在了历史长河中。

和绘画、雕塑相比，关于古埃及音乐我们知之甚少。我们想象不出古埃及音乐听起来是什么样子的。无数个世纪过去了，古埃及人也没有留下相关的记载。但是，关于古埃及乐器我们倒是知道一些情况。

盲竖琴演奏家。

手持乐器的埃及女人。

古埃及音乐家不是在音乐厅演奏，而是在神庙里配合合唱团演奏，或者在富人的家里演奏音乐以取悦权贵。他们会演奏各种不同的竖琴——诗琴、鲁特琴，吹奏管乐器——双簧管和长笛等。他们还会演奏各种打击乐器：大鼓、手鼓、象牙或木质的铃舌。有时候音乐家们只是简简单单地拍手和摇珠串，也能奏出美妙的音乐。

爸爸、妈妈和我——古埃及人的家庭

普通古埃及人的家庭规模通常都不大：丈夫、妻子和孩子。法老和富人有时候会娶好几个妻子，而对普通人来说即使娶两个妻子也会带来额外的负担。亲属们各自居住。通常富人家庭里会有仆人和奴隶。

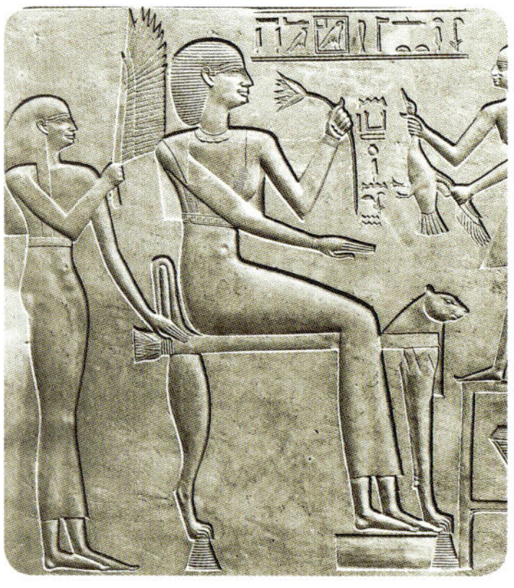

女仆用羽毛扇给女王扇风。

所有的古埃及权贵之家都有仆人：一些仆人负责做家务，另一些仆人陪伴主人外出、待客。尽管做仆人的主要是穷苦百姓，但他们仍然是自由人。奴隶则不同。奴隶主要来源于外国战俘。主人可以卖掉自己的奴隶或者把他们租出去，奴隶犯错时会受到严厉惩处，有时候甚至会被处死。

如果你到了古埃及，未必能够分得清奴隶和仆人，甚至和自由手工业者或农民的区别。事实上，奴隶会和自己的主人及其家人住在一个屋檐下。自由身的仆人常常和奴隶一起承担繁重的日常劳动。

如果你生活在古埃及，那么很可能你很早就会结婚——大约二十岁当你开始拥有自己的财产的时候，这样你就能在年轻的时候生几个孩子。一个家庭会有好几个孩子，但并不是每个孩子都能平安长大。

在一部分西方国家，女性结婚后一般会冠上夫姓，也可以保留自己娘家的姓氏。但是在古埃及压根就没有姓。每个埃及人都有自己的名字，在正式文件中会再加上自己父亲的名字（极少数情况下会加上母亲的名字）。

古埃及人非常尊重女性，女性拥有很多权力：她们可以拥有财产，甚至能管理国家！还记得埃及女王哈特谢普苏特吗？

图中雕像是佩比二世法老的亲信塞内布及其妻子和孩子们。尽管塞内布是个侏儒，但他并不是宫廷弄臣或丑角，而是一个受人尊敬的人，是“法老的朋友”。为了彰显其地位，雕塑家塑造的是他的坐像，看起来和他的妻子一样高。

在古埃及，孩子们四岁之前是由妈妈抚育的。四岁之后男孩们会跟在父亲身边开始接受职业教育，而女孩们则会开始和母亲学习做家务。尽管如此，孩子们还是能找到时间玩玩具的！

你是不是想问，他们的玩具是什么样子的呢？

娃娃和摇铃你可能在摇篮里就玩过了。等你稍微大一些，父母会送给你一些动物玩偶，比如嘴巴可以张开的鳄鱼、木偶、陀螺以及玩具武器等。这些玩具由不同的材料做成，有的是用黏土做的（孩子们甚至能自己用黏土捏玩具），有的是用木头做的。古埃及人能制作出非常精巧的、彩色的玩具娃娃，它们有可以活动的手和腿。这种玩具娃娃的头上有一些孔，可以插入毛毛球。下面图中这些玩具都是出自真正的玩具大师。

那些木质的、有活动关节的、手和脚能弯曲的玩具娃娃在古埃及出现的时候，希腊人已经统治了埃及。埃及儿童和现代儿童一样喜欢用衣服和饰品装饰自己的娃娃。

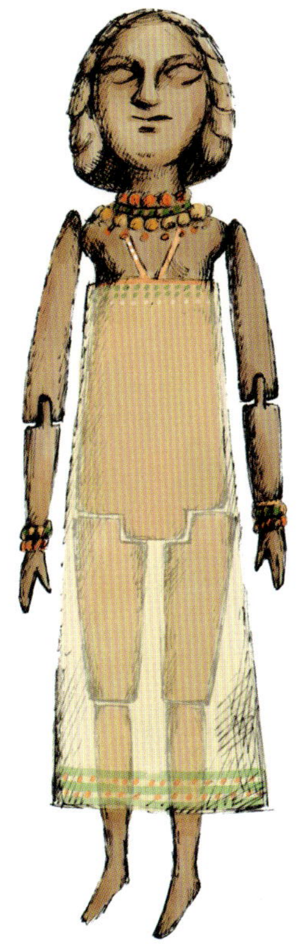

古埃及的妈妈们不会因为孩子们的衣服脏了或破了而骂他们，因为孩子们在到一定的年岁之前压根儿是不穿衣服的。男孩们只在脖子上戴一串珠串，女孩们则在头发上戴上发带和发冠。他们到了四岁才开始穿衣服。男孩们在腰上缠一块布，女孩们穿上裙子。这样裸奔的幼年时代就结束了，学习生涯开始了。

拉一拉这些木质玩具上的绳，鳄鱼的嘴巴会张开，人偶就开始擀板上的泥团。

蛇棋、塞尼特棋及其他游戏

古埃及人没有我们现在下的国际象棋，但是他们有蛇棋、“狗和豺”棋和塞尼特棋。这些都是回合制游戏，即棋手轮流操作棋子，最后决出胜负。你们也可以玩玩棋类游戏。

蛇棋是在一个棋盘上玩的。棋盘上绘制着一条蛇，它的头部在棋盘正中央，身子则呈螺旋状盘在棋盘上，分隔成一小块一小块的。这种游戏发明于公元前三千多年。类似的游戏在叙利亚、克里特岛、塞浦路斯都曾出现过，而在苏丹，直到现在还有人在玩一种类似于蛇棋的“鬣狗”棋。

蛇棋棋盘。

出土于底比斯列尼塞内布公主墓的“狗和豺”棋。这副棋是用象牙和乌木制作的。竖着耳朵的棋子是“公”豺，耷拉着耳朵的棋子是“母”狗。

古埃及人还非常喜欢玩“狗和豺”棋。这种棋是在一个矩形或椭圆形的陶制棋盘或木棋盘上打上许多孔，这些孔排列成左右对称的两路。棋手们在玩的时候要把木棍插在这些孔里。

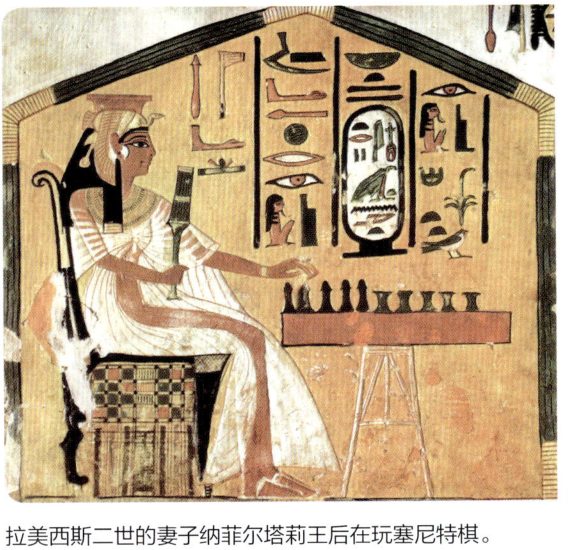

拉美西斯二世的妻子纳菲尔塔莉王后在玩塞尼特棋。

塞尼特棋可能是古埃及最著名的棋类游戏了。棋盘通常为横三纵十的方格棋盘，其中一边纵行有连续五格，做有特殊记号。当棋子走到这儿时要跳过去，反之就要继续往前走。下棋的时候不是用骰子而是用特制的棍状物掷出点数，以此来决定该往前走几步。

古埃及人和我们一样都喜欢运动的游戏，比如球戏。玩球戏用的球既可以是木制的，也可以是动物皮制的。男孩们还可以捕鱼、搏斗、跳跃、射箭，甚至还有走绳索。还有其他一些游戏，比如类似于跳背的游戏以及类似于俄罗斯民间的“打黄雀”游戏。“打黄雀”是这样玩的：用一根木棍猛击木桩子，使之飞起来，在它落地之前再打一次。谁打得更远，谁就赢了。

木娃娃。

古埃及式球戏。

陶牛。

猴子演奏竖琴玩偶。

木陀螺。

考古学家发现了许多古埃及的木制或陶制玩具。但学者们经常分不清儿童玩偶和宗教典礼以及葬礼上所用的木偶的区别。这些玩具的发现表明，无论哪个年纪的古埃及人都喜欢玩游戏，即使是成年人也有自己的玩具。

还记得吗，我们曾在第55页讲过竖琴演奏？

上学：习字与服从

很久之前，在石器时代，成年人教授孩子们掌握自己所会的各种生存技能：打猎，制作最简单的劳动工具，采集可食用的谷物和果实，鞣制毛皮，生火，等等。这种传授是言传身教式的，只做简单示范和说明。但是随着社会发展，原始部落发展成国家，人们的生活发生了很大变化，因此青铜时代和铁器时代的孩子们需要掌握的知识和技能也与之前完全不同。人们明白，最好不要跟着那个最亲近的人（比如父亲）学习，而应该跟着那个比别人更有本事的人学习。因此世界上产生了一个新的职业——教师。教师能够把自己的技能和经验同时传授给许多孩子，而不像亲人那样只教一个孩子。学校正是在这种情况下出现的。

在古埃及只有为数不多的贵族才能接受教育。每一个贵族青年都可以成为书吏，也就是受过良好教育的、拥有一份好职业的人。医生和律师也被人们称为书吏，因为他们都会写字。此外，人们认为，练习写字能修身养性！

正在工作的书吏。

现在我们还不知道，古埃及的女孩们能不能去上学。即使她们可以去上学，也不会上很久，要知道女性可不能成为官员、雕塑家或医生——这些都是男性职业。

古埃及的学校教育不只教授学生们掌握各种技能，还教导他们养成良好的风度、沉着冷静的性格和自制力。学校培养对社会有益的、诚实的、守规矩的公民。埃及是一个大国，所有事情都必须有序地开展，因此孩子们从小就被培养如何在这样一个国家中生活。但从另一方面来说，这种教育方式不需要人们学会思考和分析。学校要求学生会复述和分析课文，年纪小的学生则必须学会背诵课文、认真听老师的教导并无条件服从他。

图中所示为古埃及学生的笔记。这些用祭司体文字写成的陶片文献大约写于公元前13世纪。其中记载了学生们被布置的作业是抄写拉美西斯二世的大臣哈依的四封信。

一些古埃及学校记录在莎草纸和陶片上的教学笔记保存至今。这些文献大部分是教导学生如何行事的训诫。看来，学生们不仅要学习识字、练字，还要学习道德戒律。

关于古埃及文字，请阅读第40页。

孩子们要学习识字、算术、文学、地理，还要积极参加我们今天所说的“体育锻炼”，包括游泳、划船、格斗、球戏和射箭。如果将来想要从事更体面的工作，他们还要去专业学校继续学习。

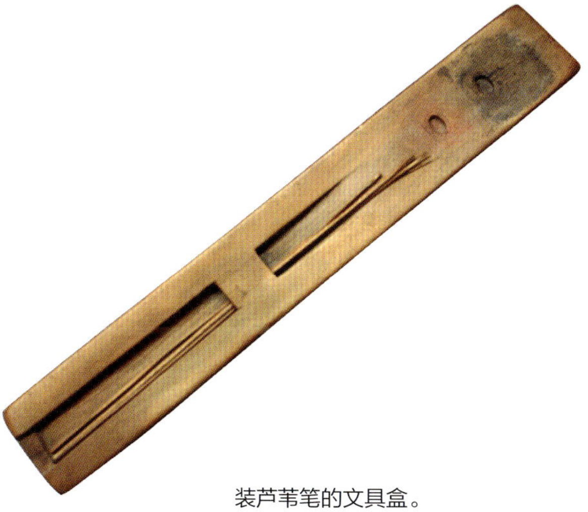

装芦苇笔的文具盒。

古埃及学校训诫词：

“除了书吏之外，没有任何一个职业能够让人当领导。”

“服从是一个人最好的品格。”

“孩子们不听教导，就应当打他，让他学会听话。”

“应当遵循父亲、祖辈的教导。”

“语言比武器更强大。”

难以想象，古埃及人会相信一个不听话的孩子能成为一个守规矩的人。因此老师们会用严酷的体罚来教导不听话的孩子，比如用树枝、棍棒和鞭子等抽打他们。

古埃及人和现代人一样采用十进制计数法。他们发明了特殊的符号表示个位数、十位数、百位数和千位数，但却没有表示从“2”到“9”这几个数字的符号，也没有表示“0”的概念。如果古埃及人到了我们现在这个时代，他们就会这样来表示2015年。

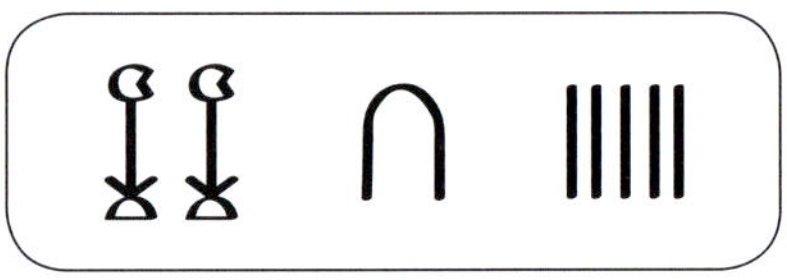

左图中是关于数学的莎草纸文献。这是古埃及算术和几何教科书的片段，此书为中王国时期的书吏雅赫摩斯所著。雅赫摩斯所著的莎草纸文献包括84道数学题和解题方法，这是保存至今的古埃及最全的习题集。

1	10	100	1000	10 000	100 000	1 000 000
竖条	拴牲口的绳子	绳圈	莲花	手指	蟾蜍	举着双手的人

如果古埃及青年想要成为官员，他就会直接去将要工作的国家机关学习。要成为战士的青年则要在军队学习战斗技能。当然，我们称之为“生活之家”的地方也是非常重要的学习之地。这里是隶属于神庙的科学和艺术中心。在“生活之家”里人们可以阅读、抄写铭文，获得医药、数学、天文、建筑等各种知识，学习绘画及其他种类的艺术。这里还有保存着各种莎草纸文献的图书馆。也许，正是因为可以在“生活之家”里学习，才诞生了那么多让埃及人自豪千百年的伟大的思想和杰作。

建筑师也是在“生活之家”学习的。因为在古埃及树木很少，所以最初人们用芦苇作为材料来建造房子，后来则用土坯建造房子，神庙则是用石头来建造的。古埃及建筑师最先发明了用柱子支撑天花板的建筑方法。大型的石头建筑需要精确的设计和复杂的运算，他们要计算需要多少建筑材料和人工。

图中是法老塞提一世墓室拱顶的壁画，描绘了许多星座。

表示“天狼星”的古埃及象形文字。

这是大犬座。大犬座最上端那颗夜空中最亮的星就是天狼星。

观测星座帮助古埃及人制定了农业历法。他们发现，天狼星消失在地平线后70天才会再次在黎明之前从地平线上升起，而此时正是一年一度的尼罗河水泛滥的时候。他们并没有止步于制定历法。古埃及人还学会了如何确定和计算时间。在当今社会几乎每个人都有钟表，知道时间是理所当然的，但是对古埃及人来说，即使是发明日晷这种最简单的计时器也是一项伟大的成就！日晷的原理是利用太阳投射的影子来测定并划分时刻。但是日晷只能在白天使用，因此古埃及人又发明了夜间计时用的滴漏。此外，古埃及人最先使用24小时计时制，这种计时制我们一直沿用到今天。古埃及人还把天文学知识应用于建造金字塔。他们使用天文测量的方法来确定建筑物的方向。

买山羊

很好，放学之后就可以在城里逛一逛了。

众所周知，古埃及那些最古老的城市在修建的时候根本就没有进行任何规划，人们觉得哪儿更方便就在哪儿建房子，有时候甚至搬到神庙里去住。这不难理解：神庙不只是一个城市中最重要的地方，还是最安全的地方。

古埃及有一些特殊的城市，这里住着许多金字塔和其他祈神建筑的建筑者。在这样的居民点里人们的住宅很少会被拆除或重建，所以这些地方就成了研究古埃及城市布局的最佳场所。比如公元前19世纪在法尤姆绿洲建立的已经荒废的城市拉洪。

普通的古埃及城市景象。

船的模型。

通过尼罗河运送商品非常便利。那些纸莎草做的小船只能坐两个人，不能运载很多东西。但也有稍大一些的船，可以搭载多人外加一头牛。

你有没有注意到，市场上有一个人和其他人不一样？他的穿着、发型都与众不同，而且没有刮胡子。这是一个外国商人。也许他来自爱琴海群岛，也许他是到埃及来做珍贵的木材生意，想把自己的货物卖得更贵些。很快人们就会从四面八方赶过来，或者看看这个奇装异服的人，或者看看他的货。

这是海关部门的书吏。他们负责查看并记录谁用哪艘船运了什么货物，卖了多少钱，单价几何。埃及政府对所有在国土范围内生产和销售的商品都有严格记录。

这个商人正在售卖纸莎草。纸莎草就生长在他旁边不远处的河里。他把一卷卷捆扎整齐的纸莎草放在岸边当样品，剩余的则留在自己的船里。要知道那些手艺人会一次性买很多纸莎草，纸莎草既可以用来编草席，也可以做成纸卷。

在这些有着弯弯的船头和船尾的大型运输船上，船头和船尾处都留了许多空间用来放置商品、安置牲畜。尼罗河上还有许多专门运送粮食和建筑石材的货船。

在陆地上人们用驴子来运送轻便的行李，但是重点儿的物品就要用牛来运了。在古埃及直到新王国时期才引进了马匹。古埃及人对马非常珍惜，只用它们来套双轮马车。

城市里什么地方永远热闹？没错，当然是市场了。看图中，市场上的各种交易多么活跃啊。你知道吗？这时候的买卖双方是不用货币交易的。古埃及人还没有发明货币。他们需要的所有东西都可以自己种植、养殖或者通过以物换物的方式得到。新王国时期人们开始用重量为1个德本的铜块或银块来作为价值尺度，1个德本是91克。这并不是说，人们在交易过程中会使用铜锭或银锭来结算，就像我们今天用纸币和硬币结算一样，而是说，每件商品都可以用德本来表示其价值。比如，一件连衣裙要价3个铜德本，而一只山羊和它同等价格，那么你就可以用裙子来换羊了。

古埃及人的家

现在我们回家吧。我们来看看古埃及人的家是什么样的。古埃及人的房子是用土坯砖和纸莎草建造而成的。在这片土地上几乎找不到好的木材，只有大片的棕榈树、柳树和刺槐。土坯砖是用尼罗河里的淤泥制成的，把河里的淤泥夯成一块一块的，在太阳底下晒干，“砖”就做成了。

普通的古埃及平民住在土坯砖平房里。

房顶上可以休息、做饭以及晾晒草谷。人们还会用几根柱子撑着芦苇和稻草编的席子做一个遮阳棚。棚子两面还要抹上泥浆。尼罗河的淤泥用处可真多呀！

说到古埃及最常见、最受欢迎的动物，那必然是猫。它们经常做着狗的工作——看家、帮助主人捕鸟等。古埃及人根据其“喵喵”的叫声称其为“咪呜”。

看到这扇门了吗？门、门闩、门框以及门槛都是用木材做成的。门里面就是客厅、卧室、厨房，其中厨房里的灶是直接在地上挖出来的。人们把食物储存在木箱里，这样能保存很长时间。

这楼梯是通向屋顶平台的。在埃及这样一个气候炎热、终年阳光普照的国家，人们在屋顶上待的时间不比在屋里待的时间少。

现在我们再来富人家里看看。富人通常住二层楼房，有专门储存食物的地下室，房子还带一个小花园。

古埃及人挖井取水，用大罐子装水。富人家里会将一根管子连到水罐上，这样水就顺着管子流到需要用的地方。

看到那些装了栏杆的小窗口了吗？它们的位置可真高啊！这样的房子里光线肯定会比较昏暗。

房子的二层有一个宽敞的阳台、一间小屋子，屋顶用柱子支撑。柱子表面绘着丰富的花纹。

花园是用石墙围起来的。花园里的树木种得整整齐齐，花儿种在方形的花坛里，此外还有修得平平整整的草坪。花坛里百合、菊花、鸢尾花、曼德拉草、罂粟和矢车菊等争相盛放。池塘里蓝色的、白色的荷花盛开，还有鸭子和鹅在嬉戏。

贵族们即使出远门也会舒舒服服的！下图是胡夫法老（即基奥普斯，关于其金字塔的介绍请阅读第30页）的母亲赫特弗瑞丝王后出游时乘坐的车驾。车厢是一个用布围着的木架子。王后出游时会携带椅子、带头靠的床和柜子等家具。其中床的长度有177厘米。

图里有许多动物。你看到狗、鹦鹉和金鱼了吗？古埃及人喜欢饲养宠物，他们不只养猫，还养猴子、狗和鹅。看来，鹅也是人类的朋友！

图中所示是富人家里内部的样子。房屋足够宽敞，有足够的地方给主人、客人还有仆人住。

从前门进去就进入了会客厅，这里有许多高高低低的柱子。主人在这里招待客人，把客人安置在镶乌木或象牙雕花的椅子上后，主人就招来乐师演奏音乐。一些仆人打起羽毛扇，另一些仆人则端上食物。

如果你家里有椅子，那你一定要好好珍惜，因为它们是人类历史上最古老的家具。古埃及人的椅子非常舒服，椅子上铺着皮垫子，有时候为了使人更加放松还会放上靠枕。

女人和孩子要么住在二楼，要么住在房子的最里面。

古埃及人喜欢用鲜花和花带装饰房子。节日里桌子上会摆放各种花扎成的花束或花带，为了让屋子里充满香味，人们还会点上芳香球和芳香油。

埃及人没有壁纸，但他们会在墙上画非常漂亮的画。

夜晚来临时人们用油灯照明。

法老的王宫和富人的房子里面看起来差不多。当然，王宫更大、装饰更加富丽堂皇。王宫被分为两部分。前面是接待大厅，后面则是法老及其家人的住所。王宫主大门上面是一个很大的晾台，人们称之为“现身之窗”。法老会在那里现身。臣民在王宫大门外仰望法老并接受其赏赐。王宫也是用不耐用的土坯砖建成的。因此，和石头建造的神庙不同，王宫总是很快就成了断壁残垣，什么也没有留下来，所以我们现在看不到它们是如何地雄伟壮丽。

富人家里必定有浴室和卫生间。这两处地方同样家具齐全。总的来说，埃及人非常注意清洁卫生，富人一天要洗好几次澡。

房子外面还有马厩、谷仓、厨房等后勤各处。从新王国时期开始古埃及人才把马匹用作交通工具，而且只是用马匹来套没有篷顶的双轮马车。那么在此之前古埃及人是乘坐什么出行呢？反正富人们是由仆人们抬着出行的。

午饭吃什么？无花果和面包！

在一个几乎所有国民都从事农业生产的国家，人们种什么就吃什么。古埃及人的主要食物就是谷物。

最廉价的食物是蔬菜，最昂贵的则是肉类。因此只有富人才能吃得起肉。穷人只能吃面包、蔬菜和水果。但鱼却是例外，无论穷人还是富人都吃鱼。

那古埃及人喝什么呢？他们从尼罗河中取水，但这水却并不干净，适合饮用的水很难找到。因此人们饮酒，只不过当时的酒不像如今的酒那么烈。

此处墓室壁画上描绘的是人们在阴间的食物，其中有鱼、禽类和水果。

面包师在揉面。

古埃及人吃的面包也分好几种，有大麦面粉做成的，也有小麦或二粒小麦面粉做成的（二粒小麦很碎很小，在俄罗斯著名作家普希金的故事诗《牧师和他的工人巴尔达》里，牧师就承诺给巴尔达吃煮熟的二粒小麦粥）。

古埃及人早在上下埃及统一之前就开始酿造大麦酒了。我们甚至知道他们是如何酿酒的。首先浸泡精选出的大麦粒，晾干它们，然后再次浸泡，磨碎并搅拌，直到变成一个面团，把面团用小火烘烤之后放入水中。有时候人们为了提升酒的甜度，还会在其中加入海枣。最后把酒罐放在暖和的地方，等面团发酵之后再把杂质过滤掉就成了酒。孩子们平时可以喝牛奶。那么成年人除了大麦酒还喝什么呢？没错，就是葡萄酒！

关于葡萄酒的酿造方式，请阅读第34页。

在某些特殊情况下人们会在面团里加黄油、牛奶和鸡蛋。古埃及没有面包店，因为家家都会自己做面包，只有富人才会在自家庄园里建一个大面包房。首先把谷粒研碎，接着主妇们用石磨（一种非常重的用石头做的转盘）把碎谷粒磨成面粉，然后筛面、和面团，把面团分成小块并揉成各种形状。就像如今面包店里会出售各种形状的面包一样，古埃及人也会把面包做成各种形状，比如圆形、椭圆形、锥形等。古埃及人曾经使用圆形以及椭圆形烤炉烤制面包，后来在新王国时期出现了陶制的顶部开口的锥形炉。

古埃及人或者是围着矮桌子蹲着吃饭，或者坐在高凳上围着高桌子吃。古埃及人吃饭时不用任何工具。他们用手抓着食物吃，饭后再洗手，就像我们野餐时那样，为此，他们会在饭桌旁一个单独的小桌子上面放上装水的罐子和洗手盆。

人们站在船上用长矛捕鱼，矛尖叉在鱼身上。

人们在自家菜园子里种植蔬菜。埃及这片土地上出产黄瓜、萝卜、各种生菜、豆角、大蒜和不同品种的葱。古埃及人喜食香味浓郁的植物——茴香、薄荷、香菜（芫荽），他们还在食物中放入兰芹籽和杜松子。

埃及盛产各种水果和坚果。古埃及人种植甜瓜、石榴、海枣、无花果、葡萄和桑葚。

你知道无花果还有其他名字吗？在《圣经》中数次提到的奶浆果就是无花果。

要想了解《圣经》中记载的埃及趣事，请阅读第82页。

无花果。

桑葚。

古埃及人吃绵羊肉、牛肉和山羊肉。这些都是家畜，他们很少吃野生的兽类。此外，肉要现吃现做，否则很快就会因为天气炎热而变质，要知道古埃及可是没有冰箱的。

古埃及人是把禽类和鱼放在微微燃烧的炭火上烤着吃的，就和我们今天吃烤羊肉串一样。他们吃的禽类有鹅和鸽子。鸽子也是家养的，而且，它们是最先被驯养的家禽之一。

古埃及人还把小瓦罐放在石炉或金属炉上，以便同时烹制其他的食物。如果需要用到大一点的瓦罐，那就做个架子将它悬在火上。新王国时期末，古埃及厨师开始使用大型的金属锅炉。历史学家们认为，他们在这种大锅里小火慢炖添加了蔬菜、鱼、香菜、茴香、薄荷等混合而成的食物，有时候还会添加牛羊肉和家禽肉。听上去这样做出来的食物非常美味！

在原始社会，当人们还不会驯养动物的时候，打猎是一项生存所必须的技能。但是后来打猎成了贵族阶级的娱乐活动，而且也只有富人才有钱享受野味。

古埃及服饰

大部分古埃及人身穿亚麻衣服。男人身着缠腰布，女人则穿由一整块布制作而成的简单的裙子，裙子是吊带式的，自胸部而下长至脚踝。

年幼的孩子们基本上是不穿衣服的。富贵人家的老爷们穿着上浆细布做成的及膝短裙，上身有时候会披一件短斗篷。

法老穿得比所有人都华丽：缠腰布、饰有贵金属腰带扣的腰带、缀着珠串或黄金的罩衣。他们脖子上挂着项链，手腕上戴着镯子，头上还一定要戴假发套、金冠，在盛大的场合还要戴上王冠，战争时期则要戴头盔。法老的脸通常是被剃得干干净净的，偶尔会留一把短短的方形胡子。你会疑惑，为什么在所有的画像里法老都有一把长胡子呢？这是因为胡子是假的，贴上去的，是国王权力的象征。

饰有鹰和眼镜蛇形象的法老金冠。鹰和眼镜蛇是法老的守护神。

镶有半宝石的黄金手镯。

金龟子宝石戒指。

夏天天热的时候你肯定会穿平底凉鞋，而在古埃及，因为天气炎热，人们全年都穿着平底凉鞋。最简单的平底凉鞋是由芦苇和纸莎草编成的。极少数情况下人们会穿皮凉鞋。在拉洪市，就是那个金字塔建筑工人居住的城市里，考古学家们甚至发现了一双毛皮鞋。

草鞋。

芦苇草平底凉鞋做起来非常简单，做皮鞋则要困难得多。首先必须要硝制毛皮，使之软化。其次用石头捶打毛皮使其充满弹性，并放在一个架子上反复拉伸。最后，制皮匠手持短柄弧形刀在皮子上割出鞋底和鞋带部分。还可以对皮子进行染色，古埃及人喜欢红色，他们有时候也会选择黄色和绿色。古埃及人还经常赤脚走路，而且并不以为耻。

古埃及法老们下葬时有纯黄金打造的鞋子陪葬。右边图中就是这种华丽的鞋子，还有穿在脚趾上的黄金脚趾套。当然，这种鞋子和脚趾套不是用来走路的，而是陪葬的。

19世纪画家们所想象的古埃及人的服饰。

亚麻布衣服是古埃及人最主要的服装。直到公元前五六百年，古埃及人才从印度或阿拉伯国家引进了棉花并学会了加工棉花。到了公元后的罗马统治时期，埃及才从中国引进了丝绸。

当今社会，我们每个季节都有新的流行时尚，但是古埃及人的品位却很少改变，甚至千年不变！

一个人的服装折射出他的社会地位。穷人有时候甚至没有片衣遮体。

新王国时期贵族开始流行穿更宽松的衣服。男子在缠腰布之外、女子在轻便连衣裙外，再穿一层透明的优雅的服装。同时，女人的更衣室里也出现了斗篷。

古埃及人的妆容

古埃及人无论男女都喜欢剃光头。小男孩们通常会在左侧头部留一绺头发编成小辫垂下来，这就是所谓的“垂髫”。古埃及人剃光头不是为了美观，而是为了卫生：光头更易清洗，并且不易滋生寄生虫。

古埃及人佩戴的假发套。

用铜或青铜的剃刀剃掉头发后，贵族和普通的富人会佩戴假发套以显示自己崇高的社会地位，特别是在重大场合，假发套更是必不可少。然而，即使没有剃光头，人们也会佩戴假发套。假发套是用真人头发或者植物纤维制成的。人们去世后，他们的亲属也会把假发套连同其他的必备物品一同放进墓室里。这样死者就可以在冥界继续使用这些东西。古埃及人佩戴的假发套有长发发套、短发发套，会给发套做各种造型，戴上之后还要再戴上各种发带和鲜花等。

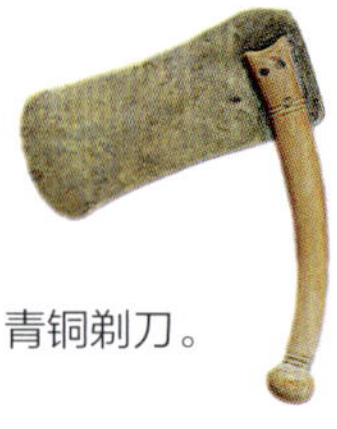
青铜剃刀。

此外，每个古埃及人都可以自己决定要不要剃光头，除了祭司。祭司除了必须剃光头之外，还必须剃掉身上所有的毛发，这样可以在神面前保持身体的洁净。

现代人认为，浓妆艳抹对皮肤有害。但是古埃及人会涂浓浓的眼影，这是为了保护眼睛免受阳光照射和风吹之苦。

古埃及人都会化妆，男人也不例外，当然男人们需要把胡子刮掉。古埃及人喜欢化浓重的眼妆，最受欢迎的是孔雀石粉做成的绿色眼影，或者用方铅矿做成的深灰色眼影。把孔雀石或方铅矿碾碎成粉末，同油脂混合之后涂在眼睑上就形成了美丽的眼影。难以想象，他们同样会用孔雀石粉来涂抹唇部，好使牙齿显得更白。古埃及人把黑色的锑粉保存在小石罐或者小瓷罐里，用一头为洋葱形的特制小棍在罐子里蘸取，然后涂抹眼部轮廓。他们还用红赭石做成的胭脂涂抹两颊，红赭石同油脂混合，就变成了唇彩。

装化妆品的小罐子。

古埃及人非常讲卫生，他们很在意自己的外表。如果你穿越到了古埃及，你必须一天洗好几次澡。但不像现代一样站在水龙头下就可以洗了，而是要用壶倒水洗。

那些注重自身卫生的人，要用到种类繁多的洗浴用品。考古学家在古埃及墓葬里发现了挖香脂软膏的勺子、小罐子、小匣子、梳子、镊子、铜镜以及青铜镜。

梳子、化妆品小勺和青铜镜。

做成游泳少女形状的化妆品小勺。

古埃及人发明了许多化妆品，比如除毛膏，用角豆树粉做成的除臭剂，用黄油和熟石灰混合做成的清洁霜，用香料、精油、草药和发酵过的果汁混合而成的除皱霜等。他们甚至还发明了香水！古埃及出产的香水因为其香味美妙、持久，在其他国家大受欢迎。

首饰不只是护身符，同时也是财富和社会地位的象征。法老会把首饰赏赐给自己的大臣，或者作为礼物赠送给外国君主及其使臣。当然，这么好的礼物怎么能不献给神灵呢？因此祭司们会把首饰戴在神像身上。

现在我们再来关注一下古埃及人最宝贵的东西——首饰。古埃及人很早就开始佩戴项链、手镯、头饰、腰带、戒指等饰品了，但应当说明的是，这同样不只是为了美观。首饰还是用来保护主人免受疾病、贫穷、敌人侵犯和恶灵之苦的护身符，它们甚至在主人死后依然保护着他，因此首饰也会作为陪葬品被放进墓室里。这种护身符经常被做成圣甲虫、“荷鲁斯之眼”、象征生命的安赫女神以及其他圣物的样子。

如果一个人伤到了手和脚，那他必须佩戴手或脚形状的护身符，这种护身符可以祈求善良神灵的保护并加快伤口的愈合。古埃及人相信，不只是护身符的形状，它们的材质也可以起到保护的作用。比如，金、银、宝石、贝壳、骨头甚至瓷等。他们对这些材料进行加工、锻造、模压、雕刻、镶嵌，技术非常成熟。

黄金、绿松石和红玉髓做成的圣甲虫形状的胸饰。

古埃及军事

古埃及长期以来没有常备军，只有分布在各地的独立民兵团。直到临近新王国时期，才出现了真正意义上的专职军队。

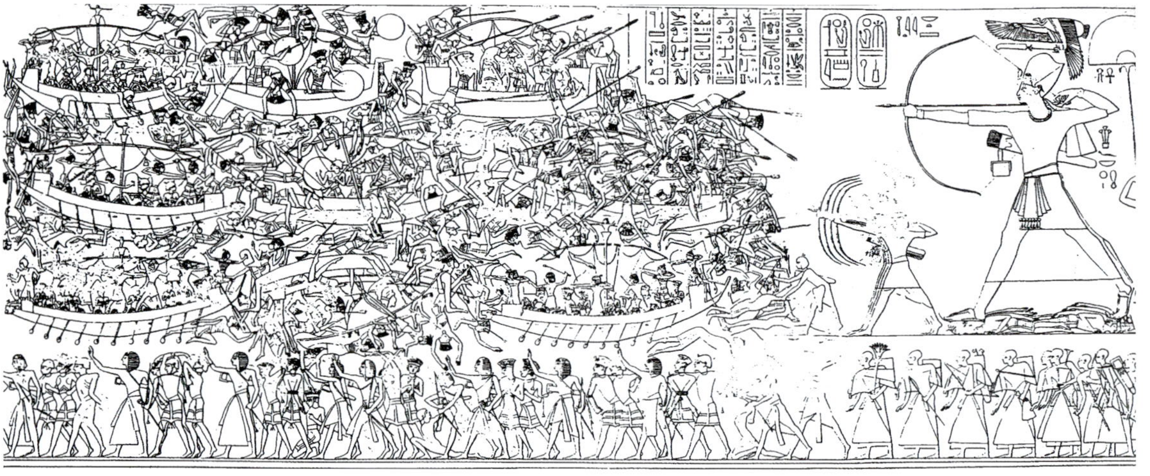

拉美西斯三世同“海上民族”的战斗。

法老通常亲自率兵远征，在战场形势不是很危急的情况下，他也会派遣自己的儿子或大臣代替自己出征。古埃及人相信，他们是为了崇高的目的，按照神的意志去作战的：他们必须结束混乱，恢复世界的秩序。

古埃及军队每五千人组成一个军团。军团里有步兵、战车兵和突击部队。战车兵分为若干支队，每个支队由25辆战车组成。战车兵的首领叫“马官”。历史上曾经有位法老担任过“伟大的第一驭者”。

突击部队里的士兵是优中选优挑出来的，他们被称为“法老的勇士”。正是他们每次在战争中率先发起冲锋。突击部队的官兵驻守在各地，这些驻军点不只分布在埃及国内，还有国外许多地方。

狮头人身的强大的女神塞克麦特。她的名字本身就有“强大”的意思。此外，因为塞克麦特是战争、烈日女神，她传播并治疗疾病。古埃及人认为，她愤怒时会降下瘟疫和传染病。

古埃及士兵作战勇敢，但他们并不喜欢远赴他国征战。因为那些战死在异国他乡的人不能按照传统习俗安葬，这样一来逝者在阴间的生活就会不幸。

因此，古埃及军队中很大一部分是由外国雇佣兵组成的。早在古王国时期就有许多外国雇佣兵受邀到埃及参军，而在新王国时期埃及人甚至会把战俘改编到自己的军队里。古埃及人没有创造过天才的军事思想，他们只是觉得该怎样战斗就怎样战斗。攻城时他们会先围城，使城内居民断水断粮，然后攻破城门或爬云梯登上城墙，最后占领据点。在战场上他们则同敌人短兵相接。

卡迭石战役

赫梯人和埃及人经常互相攻伐，拉美西斯二世决定向赫梯人开战。据古埃及历史学家们说，赫梯王穆瓦塔利二世派了两名间谍到法老身边，他们欺骗埃及人说赫梯军队已经撤离了。信以为真的拉美西斯二世带着一队阿蒙军团的士兵在卡迭石附近扎营，他下令卸下战车、等待敌军。但实际上穆瓦塔利就埋伏在不远处。赫梯人开始进攻，他们截杀了救援军队并派战车包围了阿蒙军团，拉美西斯二世猝不及防，损失了几乎所有士兵。根据传说，埃及法老遭遇了赫梯人的大部队，他几乎是单枪匹马在与赫梯人作战。黄昏来临之际，其他的埃及军队终于赶到。第二天清晨，拉美西斯二世重整旗鼓，向赫梯人发起了冲锋，但却始终没能打退敌人。一场血战之后双方都损失惨重，不得不退出战场。穆瓦塔利向拉美西斯建议缔结和约，后者同意了。双方都认为自己取得了战争的胜利。

手持盾牌和长矛的士兵。

拉美西斯二世打败赫梯人。画家描绘了法老战车侧面的狮子。拉美西斯二世身边确实有战狮存在，它被主人称为“能把敌人撕成碎片的狮子”。

古埃及人不喜欢发明新武器，他们更信赖经过战争检验的旧武器。他们习惯了手持石刀和铜刀战斗，有时候还会把铜制武器换成青铜武器，而且他们很少完善武器的制式。如果你加入古埃及军队，他们会发给你短剑、手斧和长矛做武器。当敌人距离比较远的时候，用弓箭更适合。箭杆是用芦苇制成的，箭头则是青铜做的。当然，去打仗的时候必须带上盾牌。古埃及人的盾牌是长方形的，由木头制成，外罩牛皮。

新王国时期古埃及人经常打仗，他们从邻国士兵那里学会了一些技巧。比如，他们开始制作镰形剑。

这是新王国时期的战车。古埃及人的战车一般套两匹马。驭者控制战车，而他旁边站着的士兵持剑、弓箭、长矛和盾牌与敌人战斗。

短剑。

还记得吗？古埃及最初是没有马的。马是游牧民族希克索斯人占领埃及时带到这里来的。如果你忘了这段历史，请回到第31页。

剑刃。

为了保护身体，士兵们一开始在自己的短裙外面套一个三角形的皮罩。新王国时期出现了铠甲，但只有法老才能穿：考古学家曾经在底比斯王宫里发现了青铜盔甲。当时的士兵穿的是缝着金属片的皮甲或鱼鳞甲衣。直到后王朝时期，埃及人才开始佩戴头盔。

战斧。

亚历山大大帝征服埃及

公元前7世纪时，古埃及进入后王朝时期。公元前4世纪，来自希腊北部的马其顿人侵入埃及，结束了后王朝时期。

后王朝时期的埃及统治者非常喜欢雇佣希腊士兵，有许多希腊商人在埃及定居，他们大多数居住在尼罗河三角洲地区。而希腊化时期则从历史上最有名的皇帝之一亚历山大大帝占领埃及开始（公元前4世纪）。亚历山大大帝在被他占领的土地上留下了无数拥趸，正是这些人推动了希腊语和希腊文化的广泛传播。希腊化时期持续了三个多世纪。

这幅古罗马马赛克画描绘了亚历山大大帝在伊苏斯战役中打败波斯国王大流士三世的历史。正是在此战胜利之后，马其顿人获取了包括巴勒斯坦和埃及在内的地中海东岸的全部领土。

希腊化时期是一个专门的术语，19世纪的学者们用于特指中东国家接受希腊人文风俗和语言的历史时期，这一时期中东地区的居民都能说一口流利的希腊语。

厌倦了外国统治者的埃及人一开始并不信任亚历山大大帝。但是后者是个聪明睿智的皇帝：他不歧视埃及人的信仰，也不阻止他们祭拜自己的神祇。最终他被埃及人拥戴为法老并建立了新的都城——亚历山大里亚。亚历山大大帝死后被葬在那里。

法兰西第一帝国的皇帝拿破仑一世梦想取得超越亚历山大大帝的成就。
要知详情，请阅读“穿越时空之旅”书系的《保卫莫斯科》。

亚历山大大帝死后，其手下的将军托勒密·拉古斯成为埃及国王。他尊敬古埃及的传统习俗，因此得以保住王位并开创了托勒密王朝。

托勒密王朝的代表人物托勒密五世的名字在罗塞塔石碑中有记载。
关于罗塞塔石碑，请阅读第84页。

法尤姆肖像。画像中小女孩脖子上的缎带上挂着一颗珍珠吊坠。

考古学家们在法尤姆绿洲发掘古代墓葬时发现了陪葬的肖像画。这些画像画在木板上，并被绷带固定在木乃伊面部。事实上，希腊人和罗马人也开始按照埃及人的习俗为死者的遗体做防腐处理了。在古希腊罗马艺术中肖像画最重要的一个原则就是要与本人相似。蜡笔肖像画取代了陪葬面具被覆盖在木乃伊面部。现在我们把这些肖像画统称为“法尤姆肖像”。它们是希腊化时期古埃及艺术中最耀眼的现象。

侵略者统治下的埃及

在当时的埃及首都亚历山大里亚曾经有过著名的图书馆和博物馆，因此这儿成了希腊科学文化的中心。在城市里，古埃及文化和古希腊文化很快进行了碰撞与融合。但是在农村，人们仍固执地坚守自己的传统，拒绝任何改变，这引发了多次农民起义。

由于两种古代文明相互碰撞、彼此借鉴，这一时期成就了科学艺术的黄金时代。古埃及作为一个大国又坚持存在了数百年，在这段时间里它还是一个被法老统治的独立的国家。但是一个自称为“世界统治者”的新的民族——罗马人最终决定占领埃及领土。似乎是命中注定，无论这多么奇怪，坚守埃及独立地位的最后一个法老是个女人。你们肯定听过她的名字：克利奥帕特拉。

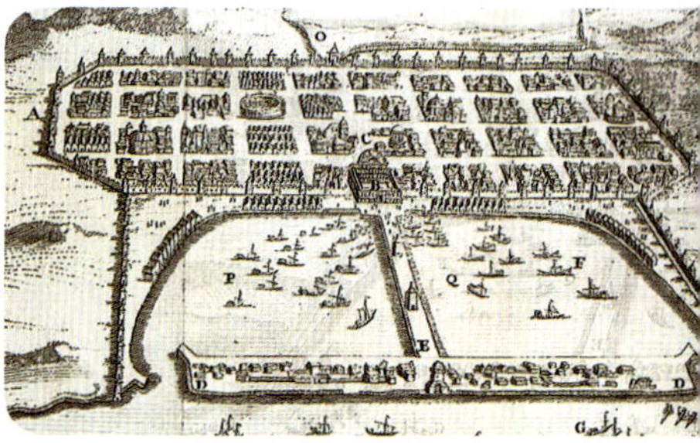

人们建造亚历山大里亚的时候有着明确的规划。整个城市就像一张由横平竖直的街道组成的网，街道与街道之间是一个个矩形的居民区。这种建造城市的方法被称为“伊帕达姆斯规划体系”。它是为了纪念古希腊建筑学家伊帕达姆斯而命名的，后者为这种体系制定了严格的规则。

许多城市以亚历山大大帝的名字命名，但只有埃及的亚历山大里亚至今还存在，你有机会可以去那儿旅游。

全盛时期的罗马帝国及其各行省版图（2世纪初）

克利奥帕特拉是希腊人建立的托勒密王朝的最后一任法老。她迷住了罗马皇帝盖乌斯·尤利乌斯·恺撒，后者立她为埃及女王。恺撒被刺身亡后，马克·安东尼本来准备彻底征服埃及，但他同样拜在了克利奥帕特拉的石榴裙下，最后放弃了自己的计划。

克利奥帕特拉七世。

公元前30年，埃及被罗马人占领。罗马人统治埃及长达四百余年。这时期的埃及社会安宁、富有，但不是一个独立的国家，而只是罗马的一个行省。

罗马帝国于476年灭亡。在此之前罗马帝国境内基督教盛行并成为国教。基督教也成了埃及的国教，直到641年埃及被阿拉伯人占领，自此，伊斯兰教取代基督教成为埃及国教。许多埃及人即使在阿拉伯人占领埃及后也还是坚持基督教信仰，他们后来被欧洲人称为科普特人，以区别于埃及穆斯林。

关于强大的罗马帝国的历史，请阅读“穿越时空之旅”书系的《漫步古罗马》。

铸刻着马克·安东尼肖像的银币。

1517年，埃及并入奥斯曼帝国的版图，被土耳其人统治，直到1923年才恢复独立。尽管埃及在将近两千年的时间里一直被外国人统治，但是它的文化一直影响着占领者和邻国。

最近两百年来，埃及一直受到学者和探险家们的关注。他们试图解开古埃及的奥秘，是的，如你所见，他们确实获得了一些成就！今天，全世界的游客都向往着埃及，希望亲身领略其独特的历史文化，探究其中掩藏了数千年的秘密。

谁能为我们讲述古埃及历史？

人们很早的时候就开始对埃及、埃及历史及其文化产生了浓厚的兴趣。但是古人不像现代的历史学家们那样能用科学的方法和批判的态度辨别信息的真伪，因此，我们当代的学者必须谨慎地看待古代文人笔下的故事。

你记不记得我们曾经在本书的开头提到过古埃及祭司马涅托？他把古埃及历史划分为古王国时期、中王国时期和新王国时期等数个阶段。他之后的历史学家们又对他的学说加以补充、修正，但总体上来说，我们今天对古埃及的认知还是建立在著名的“马涅托王朝世系表”的基础上。在这个表里，这位祭司把托勒密王朝之前的埃及历史划分为31个王朝。

古埃及文明使许多希腊人趋之若鹜。是的，在公元前7世纪时的埃及有许多来自希腊的移民、商人和雇佣兵在此居住、工作，而希腊的哲学家和政治家也会到埃及来旅行。

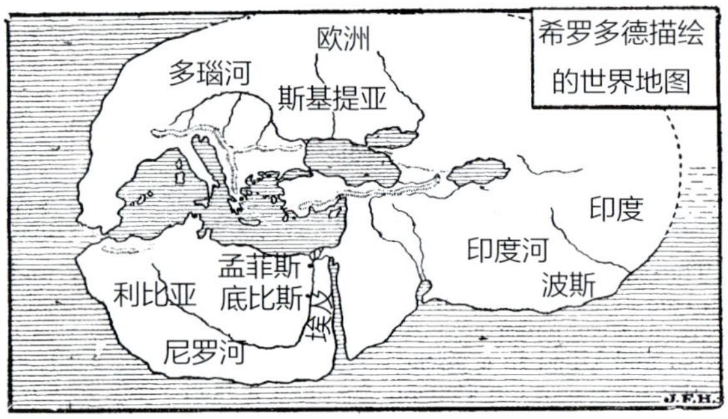

直到两个世纪前，人们才成功释读了古埃及象形文字。在学者们释读这种古文字之前，《圣经》是记述古埃及的最古老的文献之一。

关于古埃及记载最多的是在约瑟的故事和《出埃及记》中，其中《出埃及记》讲述了犹太人如何逃离埃及的过程。

生活在公元前五5世纪的希腊历史学家希罗多德全面而生动地描绘了古埃及文化习俗。这是一项前无古人的成就。尼罗河水的泛滥、古埃及人的宗教信仰、亡灵崇拜、金字塔的建造、埃及人对外战争的胜利与失败等，关于埃及的方方面面在他的著作中全都有论述！但遗憾的是，希罗多德不懂埃及语，他对埃及的了解要么是自己观察所得，要么是道听途说。学者们对希罗多德的评价也是两极分化的：一些人认为他根本没去过埃及，这一切都是他的胡编乱造，但大多数学者认为希罗多德书中的许多描写是可信的。

阿德里安·吉尼尔所绘的《约瑟和法老》。画中展现了19世纪埃及学刚刚兴起的时候画家想象中的埃及人：他们的穿着既有点像古希腊人，又有点像当时居住在埃及的贝都因人。

《圣经》中多次提到埃及法老和埃及邻国居民，比如“海上民族”和赫梯人等。这说明埃及同邻国之间的外交和贸易往来非常频繁。我们可以把《圣经》中关于埃及的描写、古埃及历史文献资料和考古发现放在一起研究，这些信息相互补充、彼此对照，能帮助我们对古埃及有更加全面的认知。

《圣经》中讲述了犹太青年约瑟的故事。约瑟不为自己兄弟所喜并被他们卖到了埃及做奴隶。约瑟在埃及一个富裕的家庭里做工，他工作做得很好，主人提拔他做了管家。但是由于主人妻子的陷害，约瑟被捕入狱。在狱中他为别人解梦的能力传到了法老的耳中，因而得到了法老的召见。法老很信任他，任命他为宰相，并支持他建造公共粮仓。但是经过考古发现，这种粮仓其实早在约瑟生活年代之前的古王国时期就已经在埃及出现了。当饥荒来临时，约瑟的兄弟们来到埃及买粮食。时至今日有许多描绘犹太人商队来埃及买粮食的绘画保存了下来。学者们至今对约瑟的故事发生的的年代没有定论，但他们更倾向于认为是在新王国时期。至于后来约瑟又发生了什么事，可以阅读《圣经·出埃及记》。

你很快就会知道，解读象形文字和考古学的发展对古埃及研究起到了多么大的促进作用！

劳伦斯·阿尔玛—塔德玛所绘的《约瑟：法老的粮官》。这幅画非常完美地展示了生活在19世纪末的画家对法老宫殿、书吏的姿态及其身边各种用具的想象。但是画家的想象力并不能帮他如实地描绘法老，他没有画出法老的假胡子和浓浓的眼影。

罗塞塔石碑

考古学家们再怎么努力，古代的历史学家们留下再多的文献资料，如果不会阅读古埃及文字，学者们还是无法进一步了解这个文明古国。正是罗塞塔石碑的出现，帮助学者们成功释读了古埃及文字。

1799年，在尼罗河三角洲地区的港口城市罗塞塔附近，拿破仑的士兵正在为抵御英军而修筑堤防工事。当时构筑防御工事的指挥官是法军上尉皮耶—佛罕索瓦·札维耶·布夏贺。士兵们呈给他一块看起来不一般的大石头——一块刻着字的黑色玄武岩。布夏贺意识到这块石头非同寻常，派人将它送到了拿破仑在开罗设立的埃及研究所。学者们看到这块黑色大石头后欣喜异常，这当然是有原因的。

托勒密五世。

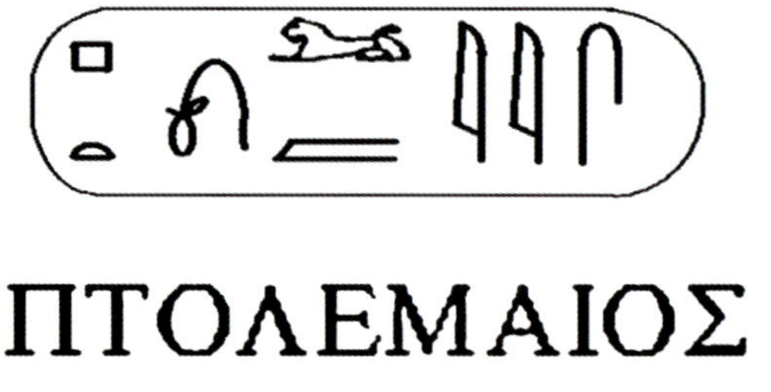

刻有托勒密五世的王名圈以及托勒密五世的希腊文写法。

罗塞塔石碑上刻的字分为三个部分。最上面刻的是象形文字，中间是世俗体文字，最下面的则是古希腊文。据我们所知，罗塞塔石碑制作于公元前196年的希腊化时期，当时希腊语是埃及的官方语言。根据石碑上的希腊文，学者们得知，这三种不同文字表达了相同的意思（祭司们赞颂托勒密五世）。因为他们都懂希腊语，那么剩下的就是把刻在最下面的希腊文与另两种语言刻写的文字互相对照了……但是，这说起来简单，做起来难。

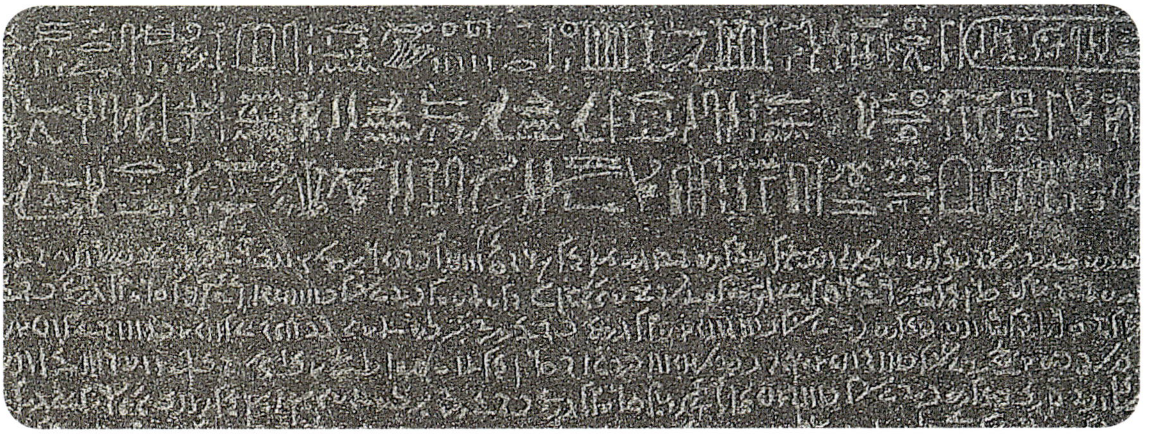

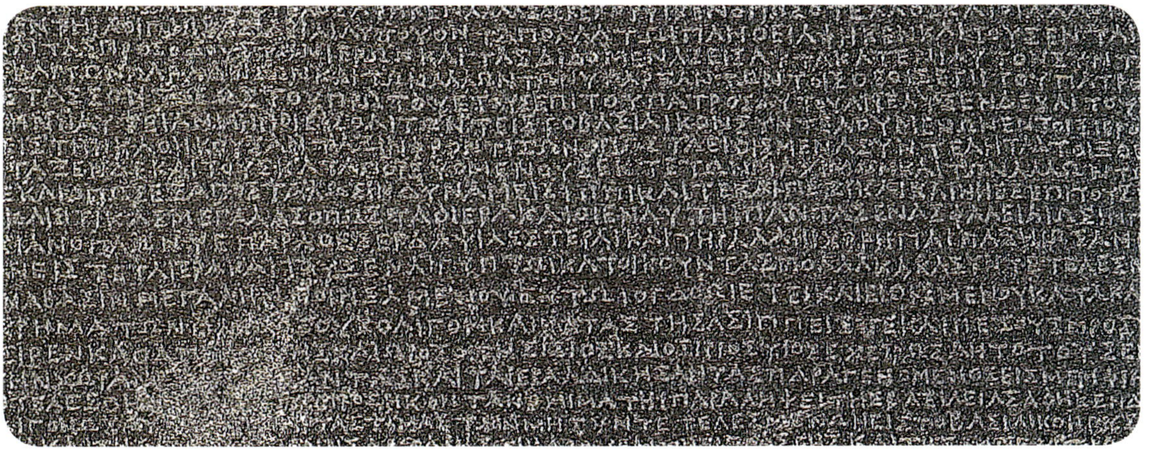

从近处看罗塞塔石碑上的文字。

学者们对着石碑研究了很久，提出了种种不同的观点。1802年，法国语言学家西尔维斯特·德·萨西在世俗体文字中发现了几组对应希腊文中“亚历山大”和“托勒密”这两个名字的符号。之后英国学者托马斯·荣格提出，古埃及文字中的世俗体和祭司体都是脱胎于象形文字。他还提出了一个重大的发现，即古埃及人写法老名字时会将其放在椭圆形的王名圈里，他因此在象形文字里找到了“托勒密”这几个字符。这是一项非常重要的发现，但是荣格并没能解读罗塞塔石碑上的全部内容。

让—弗朗索瓦·商博良。

在本书《读与写》一章中我们了解了古埃及文字发展的顺序。第一个得出这种结论的是法国学者让—弗朗索瓦·商博良（1790—1832）。他还证实，古埃及象形文字既是表音字符，同时也是表意字符。1822年，他解读了石碑上的所有象形文字，之后他归纳了埃及语法并编撰了第一本埃及语词典，但是这本词典在他死后才出版。正是有了前辈们所研究出的种种发现，后来的学者们才能够翻译古代历史文献。

历史学家、考古学家、埃及学家

首先对埃及产生浓厚兴趣的欧洲人是那些好奇的探险家。但是有很长一段时间内欧洲人都无法抵达埃及：当时埃及属于奥斯曼帝国，处在土耳其人的统治下，去埃及旅行是一件非常危险的事情。

1798年到1801年拿破仑远征埃及期间，第一支来自欧洲的大型探险队随着远征军进入埃及。167名学者和工程师组成的探险队研究埃及的动植物、文化习俗和艺术并制作了地图。他们搜集的所有关于埃及的信息都以《埃及记述》的标题发表，最后这些论文竟然结集成了整整19卷！其中一位探险队队员、画家多米尼克·维万·丹尼翁创作了一本图文并茂的书《在上下埃及的旅行》。他的著作引起了极大的轰动，在欧洲掀起了一股“埃及热”。

考古学的发展则经历了从对文物古迹的大肆掠夺与破坏到以科学严谨的态度保护文物的历程。当今学者们一直在为文物的回归奔波，因为他们的前辈们总是随随便便就把文物带回自己的家乡，比如把自己喜欢的一块刻着铭文的墙剥下来。当然，现在没有人会这样做。无论是考古学家还是研究员都全力投入文物的保护工作中了。

探险队刚刚抵达埃及时，斯芬克斯像的身体部分已经被茫茫黄沙掩盖了千百年。

现在我们来了解一下那些为埃及学做出重大贡献的学者。正是他们让我们了解了这么多关于埃及的有趣故事。

奥古斯特·马里艾特（1821—1881）

19世纪中期，法国考古学家奥古斯特·马里艾特在埃及进行考古发掘时采用了科学的方法。他提出限制出售文物并禁止将之运到国外，而这恰恰是那些业余的考古学家最爱做的事。他做出的最大贡献是建立文物部门，在开罗设立了中东地区第一座国家级博物馆。为了表彰马里艾特所做的巨大贡献，埃及副总督1879年授予他“帕夏”（相当于勋爵）的荣誉称号。

加斯顿·马斯佩罗（1846—1916）

马斯佩罗是一位杰出的埃及学家，他提出了许多惊人的发现。1880年，他进入萨卡拉南部一座残破的金字塔中。这座金字塔早就被盗，但马斯佩罗却在那里发现了远比法老木乃伊和法老宝藏更有价值的东西。这座金字塔内所有墙上都写满了象形文字。而在此之前学者们认为，在金字塔内找不到任何文字，马里艾特甚至提出了“金字塔是沉默的”这个结论。马斯佩罗的发现轰动一时，他随后花费数年时间从墙上复制并出版了这些古代铭文。这就是著名的《金字塔铭文》。这是现存最古老的丧葬和宗教铭文，写于古王国时期。

马斯佩罗在马里艾特之后成为开罗博物馆的馆长。正是他开始编撰博物馆收藏目录，正是他在开罗建立了东方考古研究所，也正是他发现了被藏于代尔—巴赫里神庙内的数位法老的木乃伊。

马修·弗林德斯·皮特里（1853—1942）

英国人马修·弗林德斯·皮特里的贡献同样为人瞩目。他一次又一次地踏足前辈们去过的地方，保护那些第一眼看上去没有任何价值的东西。他因为对陶瓷器皿的研究被称为“瓦罐之父”。皮特里的执着终有回报。他成功证明了，古埃及文明早在第一王朝之前就产生了。事实上，是皮特里第一个开始研究埃及历史上的前王朝时期的。此外，他还编撰出版了各时代和各民族劳动工具图谱。该图谱清晰地展现了人类文明发展的历程。

弗林德斯·皮特里及其收藏品。

你还记得我们在第36页讲过陶瓷对历史学家和考古学家的重大意义吗？

霍华德·卡特（1874—1939）

20世纪初，人们开始发掘研究底比斯的帝王谷（新王国时期法老和贵族的主要陵墓区）。1922年11月，英国人霍华德·卡特在那里发现了少年法老图坦卡蒙的陵墓，这一发现震惊了世界。事实上，许多埃及法老的陵墓在古代就已经被盗了，而图坦卡蒙金字塔却完整地保存了下来。考古学家们在其中发现了许多珍贵文物，其中最有价值的就是图塔卡蒙的木乃伊。卡特派人把这些文物送到了开罗博物馆，这些文物的发现极大地促进了埃及学的发展。此外，在发掘墓葬的时候，卡特采用了严谨科学的方法。

图坦卡蒙木棺。

考古学家们感到非常幸运，因为图坦卡蒙墓三千年来从未被盗墓贼光顾过。正因为如此，人们才能在其中找到大量的稀世珍宝，比如这件黄金面具。

弗拉基米尔·谢苗诺维奇·戈列尼谢夫（1856—1947）

弗拉基米尔·戈列尼谢夫是俄罗斯首位埃及学家，他通晓13种语言。戈列尼谢夫少年时期就对古埃及产生了浓厚的兴趣，他还收藏了大量的埃及文物。他是研究艾尔米塔什博物馆收藏的古埃及文物并对它们进行编目工作的第一个俄罗斯人。1880到1881年间，戈列尼谢夫在艾尔米塔什找到了一份莎草纸文献，这就是古埃及最著名的文学作品之一的《水手遇难记》。1909年，戈列尼谢夫破产，他的藏品面临着被欧洲古董商和文物收藏家买走的命运。俄罗斯学者们为保住这批文物积极奔走。最终它们被国家收藏，并被赠予1912年成立的精品艺术博物馆，即今天的俄罗斯国立普希金造型艺术博物馆。1915年，戈列尼谢夫离开俄罗斯，在开罗创立了埃及学研究室以便继续研究莎草纸文献。

鲍里斯·亚历山大维奇·图拉耶夫（1868—1920）

鲍里斯·图拉耶夫曾在欧洲许多博物馆从事过研究工作，而且在彼得堡大学教过埃及语和古代东方历史。他曾写过《古代东方历史》丛书（这套书直到今天仍被认为是最好的关于古代东方历史的书籍）以及《埃及文学》。图拉耶夫曾在戈列尼谢夫破产后为了将他那些独一无二的收藏品留在俄罗斯而积极奔走。他收藏了许多埃及文物，现在这些文物被收藏于俄罗斯国立艾尔米塔什博物馆。

埃及文物主要藏于法国巴黎的卢浮宫、德国柏林的新博物馆、英国伦敦的大英博物馆以及都灵的埃及博物馆。当然，假如你哪天去埃及的话，一定要去开罗博物馆看看。而如果你要去纽约，那就一定要去大都会博物馆！

想不想发现一座神秘的陵墓，与木乃伊来个面对面，获得一个类似于“瓦罐之父”这样的称号，或者找到斯芬克斯丢失的鼻子？那就要认真学习，努力啃科学的硬骨头，去参加考古发掘工作吧，考古工作者的艰苦和荣耀在等着你们！

考古学家们做了大量细致的工作，我们今天才能看到这些墙。

考古学家及木棺。

文物修复工作者在工作。

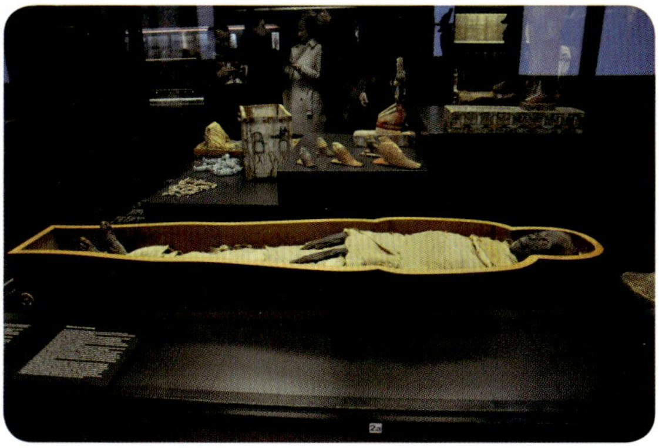

博物馆中馆藏的珍贵文物。

俄罗斯国立普希金造型艺术博物馆的埃及厅。

书中所用插图

第10页 纳尔迈调色板，公元前40世纪末。埃及博物馆，开罗。

第11页 纳尔迈调色板（局部），公元前40世纪末。埃及博物馆，开罗。

第13页《尼罗河》雕像，16世纪。国会大厦广场，罗马，意大利；
萨卡拉提伊墓浮雕（局部），古王国时期。梵蒂冈博物馆，梵蒂冈。

第14页 壁画，赫努姆霍特普二世的墓室，中王国时期。

第16页《从朋特运货归来的商人》，浮雕复制画，新王国时期。哈特谢普苏特神庙，代尔—巴赫里；
描绘了埃及周边敌人的石板镶嵌画，新王国时期。埃及博物馆，开罗。

第17页《黄道十二宫图》，浮雕复制画，希腊化时期。丹达腊哈托尔女神庙，丹达腊。

第18页《阿蒙》浮雕（局部），第三中间期。阿蒙神庙，卡瓦，苏丹；
贝斯特，铜雕像；
镜子手柄“贝斯”，希腊化时期。沃尔斯特艺术博物馆，巴尔的摩；
普塔，铜雕像。

第19页 塞贝克浮雕（局部），希腊化时期。塞贝克和荷鲁斯神庙，考姆翁布；
《阿努比斯用香油涂尸防腐》（局部），墓室壁画，新王国时期。森尼杰姆墓室。代尔—巴赫里；
《狒狒形象的图特神》雕像（局部），新王国时期。梵蒂冈博物馆，梵蒂冈；
《鹮首人身的图特神》，浮雕；
《母牛形象的哈托尔》，浮雕，希腊化时期。丹达腊哈托尔女神庙，丹达腊。

第20页 奥西里斯，铜雕像；
莎草纸文献《亡灵书》（局部），新王国时期。大英博物馆，伦敦；
《头戴双层王冠的荷鲁斯》（局部），墓室壁画，新王国时期。帝王谷纳菲尔塔莉墓室。

第21页《王座上的奥西里斯》（局部），墓室壁画，新王国时期。帕希杜，代尔—梅迪纳；
《伊西斯》（局部），浮雕，新王国时期。帝王谷塞提一世墓室。

第22页《穿豹皮衣服的祭司》（局部），墓室壁画，新王国时期。贵族谷罗伊墓室。

第24页 仆人雕像，私人藏品。

第25页 图特摩斯二世木乃伊，新王国时期。埃及博物馆，开罗；
莎草纸文献《亡灵书》（局部），新王国时期。大英博物馆，伦敦；
帕哈拉棺木，第三中间期。埃及博物馆，开罗。

第26页《拉美西斯二世》（局部），T. E. 普里斯·德—艾文绘，1880年代；
写有法老麦伦普塔赫名字的王名圈，浮雕（局部），新王国时期。帝王谷麦伦普塔赫墓室；
《狩猎图》。

第27页《穿豹皮礼服的祭司》壁画（局部），新王国时期。帝王谷纳菲尔塔莉墓室。

第31页《战胜敌人的拉美西斯二世》浮雕（局部），新王国时期。拉美西斯神庙，阿布辛贝；
神庙内的柱子和穹顶，希腊化时期。丹达腊哈托尔女神庙，丹达腊。

第34页《采摘葡萄，酿葡萄酒》壁画（局部），新王国时期。纳赫特墓室，底比斯；
《猎人》，新王国时期，T.E. 普里斯·德—艾文绘。1880年代；
挤牛奶的农民。

第35页《铁匠》壁画（局部），新王国时期。贵族谷雷赫米尔墓室；
《木匠》壁画，新王国时期，不明人士墓室。埃及博物馆。

第36页 贵族谷雷赫米尔墓室壁画（局部）里描绘的冶金匠人，新王国时期。底比斯；
陶瓷珠串，私人藏品；
阿玛尔那王宫瓷砖；
古埃及黄金制品。埃及博物馆，开罗。

第37页 玻璃器皿，玻璃珠串，私人藏品。

第38页 纳税人和官员；
诺姆长伊皮，伊皮玛斯塔巴浮雕（局部）。埃及博物馆，开罗。

第41页 书写文具。

第42页 哈特谢普苏特神庙中，塑造成奥西里斯形象的哈特谢普苏特雕像（局部），新王国时期。代尔—巴赫里；
哈特谢普苏特神庙中的浮雕（局部）上，刻有哈特谢普苏特名字的王名圈，新王国时期。代尔—巴赫里；
孩子们站在哈特谢普苏特雕像前，E. 卡什尔什卡娅摄影。

第43页 哈特谢普苏特神庙中的浮雕（局部）上描绘的埃及军队抵达朋特的场面，新王国时期。代尔—巴赫里。

第44页 图特摩斯三世雕像（局部），新王国时期。卢克索博物馆，卢克索；
杀死米吉多俘虏的图特摩斯三世浮雕（局部），卡纳克神庙。

第46页 埃赫那吞雕像（局部），新王国时期。埃及博物馆。开罗。

第47页 图坦卡蒙及其妻子、图坦卡蒙的王座（局部），新王国时期。埃及博物馆，开罗。

第49页“荷鲁斯之眼”护身符。埃及博物馆，开罗；

艾德温·史密斯纸草文稿，新王国时期。纽约医学研究院。

第50页《辛奴亥的故事》开篇部分；

伊奈儿哈乌墓室壁画（局部）里描绘的、化成猫的拉战胜巨蛇阿波菲斯的场面，新王国时期。伊奈儿哈乌墓室壁画，代尔—梅迪纳。

第51页 莎草纸文献《亡灵书》（局部），石印画，1899年。

第52页 帝王谷图坦卡蒙金字塔内壁画（局部），新王国时期。

第53页《斯芬克斯》（复制品），弗雷德里克·诺登所绘素描草图，1737年。

第54页《拉莫塞及其妻子》浮雕（局部），新王国时期。拉莫塞墓室，底比斯；

《头戴双层王冠的荷鲁斯》阴雕（局部），希腊化时期。塞贝克和荷鲁斯神庙，考姆翁布。

第56页 阿塞特王后木棺上的浮雕（局部），中王国时期。孟图霍特普二世神庙，代尔—巴赫里，埃及博物馆，开罗；

侏儒塞内布及其妻子和孩子们，古王国时期。埃及博物馆。开罗。

第58页 蛇棋棋盘，古王国时期。芝加哥大学东方研究所。

“狗和豺”棋，中王国时期。

《纳菲尔塔莉王后玩塞尼特棋》壁画（局部），新王国时期。帝王谷纳菲尔塔莉王后墓室。

第59页《正在玩耍的孩子》，经修复后的壁画。

第60页 书吏，浮雕。

第61页《记载着象形文字的陶片》（局部），新王国时期。安大略皇家博物馆。多伦多。

第62页《雅赫摩斯莎草纸文献》（局部），第二中间期。大英博物馆，伦敦。

第63页 法老塞提一世墓室拱顶壁画（局部）。帝王谷法老塞提一世墓室。

第64页 小船模型。

第66页 贝斯特，青铜雕像。

第67页 赫特弗瑞丝王后随葬车驾及车上的家具，古王国时期。美术博物馆，波士顿。

第70页《供品》壁画（局部），新王国时期。敏那墓室，底比斯；

《和面团的面包师》（局部）。卢浮宫，巴黎。

第71页《摆放着面包和水果的祭坛》浮雕（局部），新王国时期。阿玛尔那；

《捕鱼场景》壁画（局部），新王国时期。敏那墓室，底比斯。

第72页《拉美西斯二世》（局部），T. E. 普里斯·德—艾文绘，1880年代；

古埃及饰品。埃及博物馆，开罗。

第73页 黄金平底凉鞋，新王国时期。大都会博物馆，纽约；

芦苇草凉鞋，新王国时期；

埃及人的服装。

第74页 头戴假发套的埃及女孩半身雕像；

内弗玛特雕像（局部），拉霍特普公主和内弗玛特公主玛斯塔巴，美杜姆，埃及博物馆，开罗；

青铜剃刀；

化妆品罐，私人藏品。

第75页 梳子，私人藏品；

青铜镜；

《化妆品小勺》（局部），T. E. 普里斯·德—艾文绘，1880年代；

珠串，私人藏品；

圣甲虫形状的胸饰（局部），新王国时期。埃及博物馆，开罗。

第76页《与“海上民族”的战斗》浮雕重描画，新王国时期。拉美西斯三世神庙，梅迪纳—哈布；

《塞克麦特女神》浮雕（局部），希腊化时期。塞贝克和荷鲁斯神庙，考姆翁布。

第77页《四十位手持盾牌和长矛的埃及战士》（局部），中王国时期。埃及博物馆，开罗。

《拉美西斯二世打败赫梯人》，T. E. 普里斯·德—艾文绘，1880年代。

第78页 古埃及武器（局部）；

古埃及战车。

第79页《伊苏斯战役》（局部），马赛克。国家考古博物馆，那不勒斯；

法尤姆肖像，私人藏品。

第81页 铸刻着马克·安东尼肖像的银币，复制品；

《克利奥帕特拉七世》浮雕，希腊化时期。

第82页《约瑟和法老》复制品，阿德里安·吉尼尔绘，19世纪上半叶。

第83页《约瑟：法老的粮官》，劳伦斯·阿尔玛—塔德玛绘，19世纪末。

第85页 罗塞塔石碑（局部），大英博物馆，伦敦。

第88页 图坦卡蒙黄金面具，新王国时期。埃及博物馆，开罗。

向着新发现前进吧！

难道我们的旅行已经结束了？很遗憾，是的。难道我们了解了所有关于古埃及的秘密了？当然没有！如果你去那些收藏了古埃及文物的博物馆，你会更加了解这个神奇国度的历史。如果你们有机会去埃及，一定要亲眼看看古埃及文明保存下来的东西。文明能够战胜饥饿，建立伟大的国家，创造独一无二的文化。谁能知道呢，也许你命中注定将要成为一位著名的埃及学家，获得某些重大发现呢？要知道古埃及留下了那么多的秘密！也许，正是你某一天向世界宣布，埃及语应该怎样发音，或者解开阿玛尔那艺术的秘密……我们相信你！祝你成功！

图书在版编目（CIP）数据
游历古埃及 /（俄罗斯）玛利亚·扎斯拉夫斯卡娅著；（俄罗斯）伊娜·巴加耶娃绘；李雪译．—南京：译林出版社，2019.6
（穿越时空之旅书系）
ISBN 978-7-5447-7663-9

Ⅰ．①游… Ⅱ．①玛… ②伊… ③李… Ⅲ．①埃及－古代史－青少年读物 Ⅳ．①K411.209

中国版本图书馆CIP数据核字(2019)第011272号

著作权合同登记号　图字：10-2016-640号

游历古埃及［俄罗斯］玛利亚·扎斯拉夫斯卡娅 / 著　［俄罗斯］伊娜·巴加耶娃 / 绘　李雪 / 译

责任编辑　宋　旸
特约编辑　刘　杨
装帧设计　薛顾璨
责任校对　蒋　燕
责任印制　单　莉

原文出版　A Walk Through History Publishing House®，2013
出版发行　译林出版社
地　　址　南京市湖南路1号A楼，邮编：210009
邮　　箱　yilin@yilin.com
网　　址　www.yilin.com
市场热线　025-86633278
排　　版　北京视通嘉业国际文化传媒有限公司
印　　刷　恒美印务（广州）有限公司
开　　本　787毫米×1092毫米 1/16
印　　张　6
版　　次　2019年6月第1版　2019年6月第1次印刷
书　　号　ISBN 978-7-5447-7663-9
定　　价　38.00元